く日程を合わせて体験すれば旅行の想い出もひとしおのものになるだろう。

　なお日本とちょっとちがう点としては、ご存じの通りタイは熱帯の国でほとんど1年中猛暑日で熱帯夜なので、祭りのメイン行事は強い日差しを避けて午前中に行なわれることが多い。たとえばスリンの象祭のショーは午前8:30に始まるし、マラソンはたいてい6:00か7:00にスタートする。

　また5月から10月までは雨季となるが、熱帯の雨はたいてい1、2時間で止むため、イベントが雨天中止になることはほとんどない。

　本書中の料金・スケジュールなどは2009年から2010年にかけてのものなので改訂・変更されている場合もある。また特に旧暦で行なわれる祭は毎年日取りが変わるし、平日に当たった場合は週末に行なわれることも多いので、事前に関係各機関に確かめることをおすすめする。

　最後に有益な資料・情報を提供していただいたオールド・ピマーイ・ゲストハウスのคุณ เฉลิมศรี โนใหม่(チャルームシー・ノーマイ) おばちゃん、คุณ ศิริพร เพ็ญสุข(シリポーン・ペンスック) さん、20年来の「タイ友」江田優子さん、在タイ日本大使館文化部の小野崎忠士さん、チェンマイの情報誌『ちゃーお』編集長　高橋敏さんとそのご紹介で貴重な写真をご提供くださったคุณ บุญเสริม สาตราภัย(ブンスーム・サータラーパイ) さん、およびその渉外をしてくださった古川節子さん、そして(株)めこん社長　桑原晨さんに厚くお礼を申し上げる。

2012年秋
著者

タイの祭り　目次

まえがき ·· 2
タイの主要祝祭日と記念日・イベントカレンダー ·· 6
タイ全図 ··· 10

1　元日　วันขึ้นปีใหม่ ··· 11
　　［全国。1月1日］

2　傘祭り　งานเทศการร่มบ่อสร้าง ··· 15
　　［チェンマイ県ボーサーン。1月中旬］

3　中国正月　วันตรุษจีน ·· 21
　　［全国。2、3月ごろ］

4　マーカブーチャー（万仏節）　วันมาฆบูชา と
　　プラタート・パノム祭　งานพระธาตุพนม ··· 31
　　［全国。2月末から3月初めごろ＝旧暦3月の満月の日］

5　チェンマイの花祭り　มหกรรมไม้ดอกไม้ประดับจังหวัดเชียงใหม่ ······························ 39
　　［チェンマイ。2月初旬］

6　ポーイ・サーン・ローン（タイ・ヤイ族の少年出家式）　ประเพณีปอยส่างลองแม่ฮ่องสอน ······ 47
　　［メー・ホーン・ソーン。3月末か4月初め］

7　ソンクラーン（タイ正月・水かけ祭）　วันสงกรานต์ ·· 53
　　［全国。4月13〜15日］

8　ウィサーカブーチャー（仏誕節）　วันวิสาขบูชา ··· 61
　　［全国。4月か5月＝旧暦6月の満月の日］

9　農耕祭　วันพืชมงคล ··· 65
　　［バンコク王宮前広場。5月］

10　ロケット祭り　บุญบั้งไฟโสธร ··· 69
　　［ヤソートーン。5月第2週末］

11　ピー・ター・コーン祭り　งานประเพณีการละเล่นผีตาโขน ····································· 75
　　［ルーイ県ダーン・サーイ。6〜7月＝旧暦6月の満月のあとの週末］

12　アーサーラハブーチャー（三宝節）　วันอาสาฬหบูชา、
　　カオ・パンサー（雨安居入り）　วันเข้าพรรษา と
　　ろうそく祭　งานแห่เทียนเข้าพรรษาอุบลราชธานี ··· 83
　　［全国。6〜7月＝旧暦8月の満月の日とその翌日］

13 オーク・パンサー（雨安居あけ）**วันออกพรรษา** と
　　トート・カティン　**ทอดกฐิน** ··· 89
　　［全国。10～11月＝旧暦11月の満月の日］

14 ロングボート・レース　**การแข่งขันเรือยาว** ······································ 93
　　［全国。10～11月ごろ］

15 灯明船祭り　**งานลอยเรือไฟนครพนม** ··· 97
　　［ナコーン・パノム。10月か11月］

16 ろう細工の宮殿寄進祭　**งานประเพณีแห่ปราสาทผึ้ง** ······················· 101
　　［サコン・ナコーン。10月か11月］

17 バンファイ・パヤーナーク（龍王の火の玉）**บั้งไฟพญานาค** ·········· 107
　　［ノーン・カーイ。10月か11月］

18 水牛レース　**งานวิ่งควายชลบุรี** ·· 111
　　［チョンブリー。10月第1週末］

19 ベジタリアン祭　**ประเพณีถือศีลกินผัก(เจ)ภูเก็ต** ·························· 115
　　［プーケット。10月中旬ごろ］

20 ローイ・クラトン（灯籠流し）**งานประเพณีลอยกระทง** ················· 121
　　［全国。10～11月］

21 ピマーイ・フェスティバル　**งานเทศการเที่ยวพิมาย** ····················· 129
　　［ナコーン・ラーチャシーマー県ピマーイ。11月の第2週末］

22 象祭り　**งานแสดงช้างสุรินทร์** ·· 133
　　［スリン。11月の第3週末］

23 国王誕生日　**วันพ่อแห่งชาติ** ··· 137
　　［全国。12月5日］

24 アユタヤの世界遺産祭　**งานยอยศยิ่งฟ้าอยุธยามรดกโลก** ················· 139
　　［アユタヤ。12月中旬］

付録1　タイ主要県の祭りとイベントリスト ··· 144
付録2　問い合わせ先リスト ·· 148
付録3　日本で行なわれるタイの祭り ·· 151

5

タイの主要祝祭日と記念日・イベントカレンダー

月	日	休日	祝祭日・記念日名／説明・問い合わせ先
1月	1日	◎	元日 วันขึ้นปีใหม่
	第1木曜から5日間		赤十字の日 วันกาชาด タイ赤十字の総裁は王妃。
	第2土曜日		こどもの日 วันเด็กแห่งชาติ 小・中・高は休み。
	13日		航空記念日 วันการบินแห่งชาติ 1994年から。1913年のこの日、モンクット王（ラーマ4世）が、タイが導入した飛行機の初飛行をご覧になった。
	14日		森林保護の日 วันอนุรักษ์ทรัพยากรป่าไม้ของชาติ
	中旬		傘祭 งานเทศการร่มบ่อสร้าง 問い合わせ先＝タイ国政府観光庁（TAT）チェンマイ事務所 TEL：053-248-604
	16日		先生の日 วันครู 1957年から。教師に敬意を表する日。大学以外の学校は休み。生徒はろうそく、花、線香とギョウギシバ（繁殖力の強いイネ科の植物）とナスの花（結実率が高い）をもって登校し、級長が集めて先生に捧げる。とくに鋭い針を持つドーク・ケム（サンタンカ）という花は、針のような鋭敏な知恵を授かりたいという願いがこめられている。
	17日		ラームカムヘーン大王記念日 วันพ่อขุนรามคำแหงมหาราช
	17日		牛乳の日 วันโคนมแห่งชาติ
	18〜27日		ナレースワン大王祭 งานสมเด็จพระนเรศวรมหาราช 期間中の25日は同大王がミャンマーに勝利を収めた日で国軍の日とされており、戦場となったスパンブリー県ドーンチェディーで式典が行なわれる。
	25日		ナレースワン大王記念日 วันสมเด็จพระนเรศวรมหาราช 国軍の日 วันกองทัพไทย
	月末〜2月初旬		農業週間 วันเกษตรแห่งชาติ 全国の農業大学で各種のイベントあり。
2月	旧暦2月の新月＊		中国正月 วันตรุษจีน
	旧暦3月の満月＊ 2月〜3月ごろ	◎	マーカブーチャー（万仏節）วันมาฆบูชา
	旧暦3月の満月＊ 2月〜3月ごろ		プラタート・パノム祭 งานพระธาตุพนม
	初旬		チェンマイの花祭 มหกรรมไม้ดอกไม้ประดับจังหวัดเชียงใหม่ 問い合わせ先＝TATチェンマイ事務所　TEL：053-248-604
	2日		発明家の日 วันนักประดิษฐ์แห่งชาติ 1993年同日、プミポン国王による通気装置の特許取得を記念。
	3日		在郷軍人の日 วันทหารผ่านศึก ポピーの花を贈る。
	14日		バレンタインデー วันวาเลนไทน์ プレゼントはチョコレートではなくバラの花が多く、男性からや友人同士でも。この日バンコク郊外のバーン・ラック（愛の村）で入籍手続きをするカップルも多い。
	24日		芸術家の日 วันศิลปินแห่งชาติ 1985年から。芸術家としても有名だったラーマ2世の誕生日。「ナショ

				ナル・アーティスト」に選ばれた芸術家に称号授与式が行なわれる。
	25日			ラジオ放送記念日　**วันวิทยุกระจายเสียงแห่งชาติ** 1940年の同日に公共ラジオ放送開始。
	26日			協同組合の日　**วันสหกรณ์แห่งชาติ**
3月	5日			報道の日　**วันนักข่าว สื่อสารมวลชนแห่งชาติ**
	8日			国際女性デー　**วันสตรีสากล**
	13日			タイ象の日　**วันช้างไทย** 1998年から。各地の象キャンプ（保護区）でショーなど開催。
	20日			公衆ボランティアの日　**วันอาสาสมัครสาธารณะสุขแห่งชาติ**
	22日			世界水の日　**วันน้ำของโลก**
	31日			ラーマ3世誕生日　**วันพระบาทสมเด็จพระนั่งเกล้าเจ้าอยู่หัว**
	3月末から4月初旬ごろ			ポーイ・サーン・ローン　**ประเพณีปอยส่างลองแม่ฮ่องสอน** 問い合わせ先＝TAT メー・ホーン・ソーン事務所 TEL：053-612-982
4月	1日			貯蓄の日　**วันออมสิน**
	2日			タイ自然・文化遺産保護の日　**วันอนุรักษณ์มรกดไทย**
	4、5日			清明節　**วันเช็งเม้ง** 華人が先祖を思い、故人を悼む伝統的な祝日。日本のお盆にあたる。
	6日		◎	チャクリー記念日　**วันจักรี** 現在のチャクリー王朝の成立記念日。
	13～15日		◎	ソンクラーン（タイ正月）　**วันสงกรานต์** 水かけ祭としても有名。www.songkran.net
	13日			敬老の日　**วันผู้สูงอายุ**
	13日			漁業の日　**วันประมงแห่งชาติ**
	14日			家族の日　**วันครอบครัว**
	22日			アースデイ（地球の日）　**วันคุ้มครองโลก**
	24日			地方自治の日　**วันเทศบาล**
5月	旧暦6月の満月		◎	ウィサーカブーチャー（仏誕節）　**วันวิสาขบูชา**
	旧暦6月雨期入りの日			農耕祭・農民の日　**วันพืชมงคล**
	1日		◎	メーデー　**วันแรงงานแห่งชาติ**
	5日		◎	国王即位記念日　**วันฉัตรมงคล**
	第2週末			ロケット祭　**บุญบั้งไฟยโสธร** 問い合わせ先＝TAT スリン事務所　TEL：044-514-447
	19日			樹木の日　**วันต้นไม้แห่งชาติ**
	31日			世界禁煙デー　**วันงดสูบบุหรี่โลก**
6月	旧暦7月の満月の翌週末			ピー・ター・コーン祭　**งานประเพณีการละเล่นผีตาโขน** 問い合わせ先＝TAT ルーイ事務所　TEL：042-812-812
	第1木曜			拝師の日　**วันไหว้ครู** バラモン教起源の、特に芸術関係の師に尊敬と感謝を表す日で、ラーマ1世時代からの習慣。
	5日			世界環境デー　**วันสิ่งแวดล้อมโลก**
	9日			ラーマ8世記念日　**วันอานันทมหิดล**
	24日			革命記念日　**วันเปลี่ยนแปลงการปกครอง** 1936年同日「立憲革命」がおこり絶対君主制から立憲君主制に移行。
	26日			スントーンプー記念日　**วันสุนทรภู่** タイの詩聖スントーンプー（1786-1855）の誕生日。

	26日		麻薬撲滅デー　วันต่อต้านยาเสพติด
7月	旧暦8月の満月 ◎		アーサーラハブーチャー（三宝節）　วันอาสาฬหบูชา
	旧暦8月の満月の翌日 ◎		カオ・パンサー（安居入り）　วันเข้าพรรษา
	同上		ろうそく祭（ウボン･ラーチャターニー）　งานแห่เทียนเข้าพรรษาอุบลราชธานี
			問い合わせ先＝TAT ウボン・ラーチャターニー事務所
			TEL：045-243-770
	1日		スカウトの日　วันลูกเสือแห่งชาติ
	11日		ナーラーイ大王記念日　วันสมเด็จพระนารายณ์มหาราช
	29日		タイ語の日　วันภาษาไทยแห่งชาติ
8月	旧暦8月の満月		中秋節（華人系）　วันไหว้พระจันทร์ (สาทรจีน)
			十五夜のお月見。
	4日		通信の日　วันสื่อสารแห่งชาติ
	7日		法律の日　วันรพี
			ラーマ5世時代の「タイ近代法の父」、ラピー殿下の命日。
	12日	◎	王妃誕生日・母の日　วันแม่แห่งชาติ
	16日		タイ平和の日　วันสันติภาพไทย
	18日		科学の日　วันวิทยาศาสตร์แห่งชาติ
9月	旧暦8月の満月		中秋節（タイ系）　วันสาทรไทย
	1日		ナーカ・サティアン記念日　วันสืบ นาคะเสถียร
			タイ野生動物保護財団設立者。
	15日		シラパ・プラシー記念日　วันศิลปะ พระศรี
			タイ近代芸術の父（帰化する前はイタリア人コラード・フェローチ）。
	16日		世界オゾンデー　วันโอโซนโลก
	20日		青少年の日　วันเยาวชนแห่งชาติ
	24日		マヒドン親王記念日　วันมหิดล
			ラーマ8世の命日。
10月	旧暦11月の満月		オーク・パンサー（雨安居あけ）　วันออกพรรษา
	（10月～11月ごろ）		
	オーク・パンサーのころ		トート・カティン（功徳衣奉納祭）　ทอดกฐิน
	オーク・パンサーのころ		ロングボート・レース　การแข่งขันเรือยาว
	オーク・パンサーのころ		灯明船祭り　งานลอยเรือไฟนครพนม
			問い合わせ先＝TAT ナコーン・パノム事務所　TEL：042-513-490
	オーク・パンサーのころ		ろう細工の宮殿寄進祭　งานประเพณีแห่ปราสาทผึ้ง
			問い合わせ先＝TAT ナコーン・パノム事務所　TEL：042-513-490
	オーク・パンサーのころ		バンファイ・パヤーナーク　บั้งไฟพญานาค
			問い合わせ先＝TAT ウドン・ターニー事務所　TEL：042-325-406
	第1週		水牛レース　งานวิ่งควายชลบุรี
			問い合わせ先＝TAT パタヤ事務所　TEL：038-427-667
	5日		イノベーションデー　วันนวัตกรรมแห่งชาติ
			研究開発の日
	13日		警察記念日　วันตำรวจแห่งชาติ
	14日		民主主義の日　วันประชาธิปไตย
	中旬ごろ		ベジタリアン祭　ประเพณีถือศีลกินผัก(เจ)ภูเก็ต
			問い合わせ先＝TAT プーケット事務所　TEL：076-211-036
			www.phuketvegetarian.com/
	19日		看護の日　วันพยาบาลแห่งชาติ
	21日		テクノロジーの日　วันเทคโนโลยีแห่งชาติ

	23日	◎	ラーマ5世（チュラーローンコン大王）記念日	**วันปิยะมหาราช**
	24日		国連の日	**วันสหประชาชาติ**
11月	旧暦12月の満月 （10月〜11月ごろ）		ローイ・クラトン　**งานประเพณีลอยกระทง** www.loikrathong.net	
	第2土曜日		障害者の日　**วันคนพิการ**	
	第2週末		ピマーイ・フェスティバル　**งานเทศการเที่ยวพิมาย** 問い合わせ先＝TATナコーン・ラーチャシーマー事務所 TEL：044-213-030	
	14日		人工降雨の日　**วันพระบิดาแห่งฝนหลวง** 1995年の同日からプミポン国王により研究・実施されている。	
	20日		海軍記念日　**วันกองทัพเรือไทย**	
	第3週末		象祭　**งานแสดงช้างสุรินทร์** 問い合わせ先＝TATスリン事務所　TEL：044-514-447	
	25日		ラーマ6世記念日　**วันวชิราวุธ** 初等教育の日　**วันประถมศึกษา** 同王が一般人のための学校を開校した日。	
	27日		公衆衛生の日　**วันสาธารณะสุขแห่งชาติ**	
12月	1日		世界エイズデー　**วันต้านเอดส์โลก**	
	4日		タイ環境の日　**วันสิ่งแวดล้อมไทย**	
	5日	◎	国王誕生日・父の日　**วันพ่อแห่งชาติ**	
	10日	◎	憲法記念日　**วันรัฐธรรมนูญ**	
	中旬から下旬		アユタヤの世界遺産祭　**งานยอศยิ่งฟ้าอยุธยามรดกโลก** 問い合わせ先＝TATアユタヤ事務所　TEL：035-246-076	
	16日		スポーツの日　**วันกีฬาแห่งชาติ**	
	25日		クリスマス　**วันคริสต์มาส**	
	26日		野生動物保護の日　**วันคุ้มครองสัตว์ป่าแห่งชาติ**	
	28日		タクシン大王記念日　**วันสมเด็จพระเจ้าตากสินมหาราช**	
	31日		大晦日　**วันสิ้นปี** 休みにならないことが多い。	

・旧暦の場合は、その年によって前後の月にずれこむこともある。
・原則として祝祭日が週末に重なると月曜が振り替え休日になる。
・学校は3月中旬から5月初旬まで夏休み。10月にも3週間ほど休みがある。

タイ全図

1 元日

年明けの瞬間には花火も上がる

วันขึ้นปีใหม่

全国。1月1日

バンコクの繁華街、
セントラル・ワールド前のカウントダウン

　正式に暦年があらたまって新年を迎える日。あたりまえのようだが、タイではラーマ5世の時代（1868～1910）からずっと、元日は4月1日とされていた。暦の上で1月1日を元日とするようになったのは1941年のことで、タイの近代化をめざすいろいろな運動の一環としてだった。
　今でも習慣としてタイの正月はやはり4月のソンクラーンで、その時にまとまった休みもあるため、年末年始はたいてい12月31日と元日が休みになるだけで、2日からは平常通りとなる。
　元日は徳を積む日でもあって、寺で説教を聞いたり、僧侶に食べ物を寄進したり、放生（捕われた生物を放してやること）をしたりする。特にバンコクの王宮前広場では市内の寺から1000人以上の僧侶が托鉢に集まり、大規模なお布施の儀式が行なわれる。
　観光地や大都市の盛り場では欧米風に大みそかからのカウントダウンや花火でにぎやかに新年を迎える。
　このように西暦の新年はさほどの規模ではないが、ほかに中国正月（2～3月）と、本番の正月であるソンクラーン（4月13～15日）

があるので、「タイでは年に3回正月が楽しめる」とも言われている。[→ソンクラーン]

タイの仏暦　公式文書などに使われている紀年法で、日本の元号と同じ。西暦1912年に制定されたものでプッタ・サカラート（略してポー・ソー。英語ではBuddha Era〈B.E.〉）と呼ばれている。お釈迦さまが亡くなった翌年（紀元前543年）を紀元0年としているので、西暦に543を足せば仏暦になる。つまり西暦2012年は仏暦では2555年になる。

　また重要な仏教行事や祭りなどは満月の日に行なわれることが多く、旧暦も生活に欠かせないため、実際にタイのカレンダーでは、西暦の日付に旧暦月と月齢を表示してあるものが多い。

12月5日の国王誕生日からクリスマスをへて新年までともされるイルミネーションもある

タイのカレンダー。満月を中心に満ち欠けを白分（はくぶん）、黒分（こくぶん）として15日ごとに表示。満月は白分15日という。

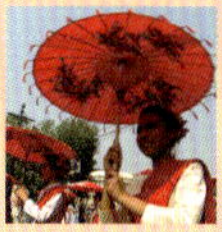

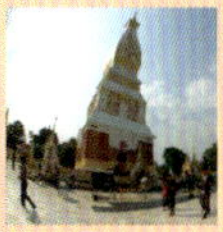

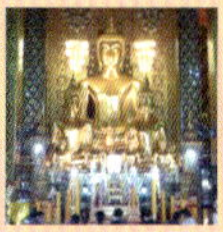

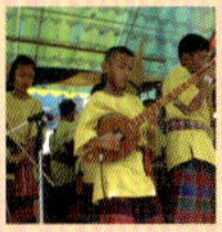

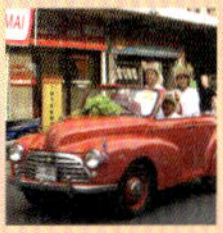

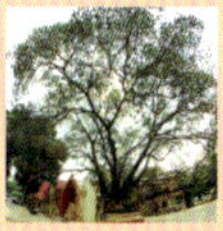

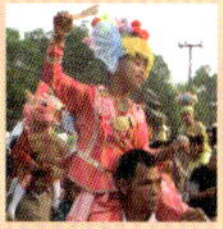

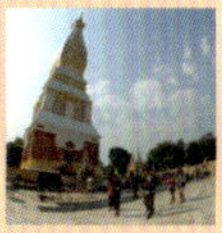

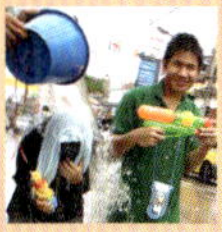

2

傘祭り

งานเทศการร่มบ่อสร้าง

チェンマイ県ボーサーン。1月中旬

上●色鮮やかな各種の傘が店頭に並ぶ。
左下●ここで最大の工房ボーサーン・アンブレラ・センター。
右下●傘の製造過程を見学できる。

　1983年に始まった祭り。ボーサーンはチェンマイ県サンカンペーン郡にある村で、特産のサーという紙をはった独特の傘で有名。和傘のような構造だが色合いが華やかで、装飾品としても長い間人気を保っている。タイ人の家に招かれると、リビングルームにミニチュアのみやげ物が飾られているのを目にすることも多い。
　チェンマイ市内から東へ約10km、サンカンペーンへ向かう途中の十字路を左へ入った所からボーサーンになり、その先400〜

500mほどのメインストリートの両側に、傘を中心に銀細工、木工芸品、竹製品、うるしなどの店がずらりと並んでいていかにも工芸村という雰囲気だ。

　熱帯の激しいスコールに傘はほとんど役に立たないし、しかも1〜2時間でやむから、忙しい都会はともかく、地方では傘をさしてまで出歩こうという人はあまりいない。だから実用的な雨傘というよりはやはりおしゃれを兼ねた日傘がメインになるが、昔ながらの伝統柄だけではなく、モダンな洋傘っぽいものまでデザインのバリエーションは豊富だ。

　ここボーサーンに傘作りを伝えたのはルアン・ポー・インターという1人のお坊さんだった。今から100年以上も昔、ボーサーン寺の住職だったインター和尚はとても勉強熱心で、寺の外に出かけて見聞を広めることも怠らず、あちこちからいろいろな知識を身につけてきていた。

上●ボーサーン派とでもいうべき絵のスタイルもある。
左下●となりのサンカンペーンでも同時に工芸品祭が行なわれる。
右下●傘作りを伝えたインター和尚。

上●カジノキを原料にしたサーという紙を張る。
下●職人が客の小物に絵付けをしてくれる有料サービスもある。

　ある時ミャンマーとの国境近くまででかけ、両国の信者から寄進を受けたが、その中に自分で作った傘を持ってきたものがいた。インター和尚にとっては傘を寄進されるのは初めてのことだったが、それまで知っていたものとは違う出来のよさに驚き、しばらくそこにとどまって作り方を学ぶことにした。

　和尚は工程をマスターすると村へ帰り、その方法を村人たちに教え、これが広まってボーサーンの傘がブランドとして確立することになったという。

　この傘はサーと呼ばれる、カジノキから作った紙を竹の骨にのりで張りつけたもの。日本の和傘は和紙に柿渋を塗って防水加工

上●絵付けコンテストの審査。
下●傘のほかにも
　木工芸品などを作っている。

　するが、こちらではヤーン・ナーの樹脂が塗られている。この木はチェンマイ・ランプーン街道の並木で知られるフタバガキの仲間で、中国語では望天樹と呼ばれるそうだ。［→チェンマイの花祭り］

　和紙というと日本だけのものと思いがちだが、実は日本からの技術協力などもあって東南アジアの至る所で作られている。日本のものとは違ってかなり厚みがあり、ものを書きつける紙というよりは花びらをすき込んでカードにしたり、あるいは額縁や書類筒などに加工されていておみやげにする人も多い。タイでは原料としてカジノキを使うことが多いようで、北部ではこの樹皮を和紙の原料として日本に輸出している。

　傘祭り期間中の夕方から各所でミスコンや演芸ショーなどが行なわれるが、おもしろいのは日傘をさしたミスコンの候補者によ

る自転車パレード。みなあでやかな服を着て、たすきをかけて自転車をこぐ姿はどこかほほえましくて親しみがわく。なぜ自転車なのかというと、まだ乾季とはいえ昼間は暑いので、歩くよりは楽だからというのがその理由らしい。また、まだクルマが少なくて自転車がたくさん行き交っていた50〜60年前ののんびりした様子を再現したいという意図もあるようだ。

　祭りの間はタイにおける馬車発祥の地、旧都ランパーン名物のポニー馬車にも乗れるので、これで村を1周することもできる。馬車といっても1頭立てで、子馬のように小さいポニーだからほんとうに1馬力あるのかと心配になるが、軽快なひずめの音を立てて走り回っている。

左●自転車でパレードするミスコン出場者たち。
右●スポンサーになっている自転車メーカーの宣伝にもなっている。

左●傘の村らしい標識や地図の飾り。
右●馬車はひと回り50バーツ。

20　　2　傘祭り

3　中国正月

วันตรุษจีน

全国。2、3月ごろ

上●赤一色のヤオワラート(バンコク中華街)。
左下●店頭に先祖と神様へのお供えを並べる店。
右下●チャイナドレスも赤がベース。

　春節とも呼ばれる中国正月は旧暦の元日で（2月から3月のあいだ）、華人の家では神様にお参りし、両親はじめ家族、親戚の年長者を訪問して祝福を受け、おごそかというよりなごやかで笑いが絶えない休日。公式には当日と翌日の2日間が正月とされ、この日は国の祝日ではないが、規模の大小を問わず商業に関わる人が多いので、その前後も含めて店や会社は休みになることが多い。ちなみに東南アジアではシンガポール、ベトナム、マレーシア、インドネシア、ブルネイで休日となっている。

厳密には、タイの中国正月は元日2日前の「買い物日（ワン・チャーイ）」、大晦日の「礼拝日（ワン・ワイ）」、元日の「訪問日（ワン・ティアオ）」の3日間とされている。

　まず買い物日に揃えるのは料理の材料、中国菓子、果物、花、銀紙と金紙、紙の中国服など。

　礼拝日には3回祈りを捧げる。まず明け方には神様に肉料理、酒、茶を供えて拝み、金紙銀紙を燃やす。昼前には先祖に参拝し、料理と菓子を供えて、先祖の霊があの世に持ち帰って使えるように、紙幣に見立てた金紙銀紙と紙の中国服を燃やす。最後は午後で、亡くなった兄弟姉妹に参拝し、菓子を供え、爆竹を鳴らす。さらにこの日の仕事としては大掃除がある。

　また大晦日の夜にはニエンという妖怪がやってくるという伝説があって、これが入ってこないように家の前に食べ物を供え、爆竹を鳴らし、華人のラッキーカラーである赤い衣服を着た上に赤

上●紙のお金や服に携帯電話まで…。
下●「お年玉袋」のアンパオとは「赤い封筒」という意味。

左●商売繁盛を願って神様用のお金「金紙」を燃やす。
右●店の大小を問わず真剣に祈りを捧げる。

い提灯をつるし、縁起のいい漢字を書いた赤地の紙を貼りめぐらすから、ヤオワラート（バンコクの中華街）一帯は赤一色という状態になる。

　夜は家で家族の宴会が開かれ、ミー・スワというヤキソバを食べる家もあるようで、日本の年越しそばに似た習慣なのかもしれない。

　年が明けて元日に幸運の神様に捧げられるお供えものは、一般的には鶏（あるいはアヒル）、魚、ブタの3品。余裕があればこれに干しイカ（スルメ）と干しエビを加えた5品を供える。鳥は空をすばやく飛ぶ、魚は水を自由に泳ぐ、豚は富の象徴、果物とお菓子も富と健康の象徴という意味あいがあり、これに線香3本とろうそく2本を供えて東向きのお供え台に並べることになっているが、これも家によってバリエーションがあるようだ。

　この元日（訪問日）にはとにかく縁起のいい言葉をかけ合い、善行にはげむことになっている。また年長者や目上を訪問する習慣もあり、プレゼントとして幸運のシンボルであるみかんを交換する。元日はこの年始回り以外はほとんど何もしない。特に守らなければならないのは、包丁、はさみ、カッターなどとがったものは使わないこと。生き物を殺さず、縁起の悪い話はしないこと。掃除、料理、洗濯など家事はいっさいしないこと。髪を洗わないこと、物につまずいたり壊したりしないこと。これらを1つでも破ると、せっかくの幸運を掃き出したり洗い流したりすることになって、新年の幸運は不運に変わってしまうという。また、元日最初の食事は心身を清める意味でベジタリアン・フードにする家もある。

　年始客はエイという中国菓子でもてなされる。また、タイの華人には潮州系が多いので、新年のあいさつも、「新正如意　新年發財（シンチアユーイー　シンニーホッチャイ）」と潮州語になり、子ど

もたちはこう言ってお年玉（アンパオ）をもらう。

正月中のアトラクションは獅子舞、ドラゴン・ダンス、中国オペラ（ポピュラーな京劇ではなく、潮州の潮劇）そして祭りにつきものの屋台・夜店もたくさん出店する。

ヤオワラート（バンコクの中華街）の中国正月

そもそも中国正月がタイの王宮に紹介されて、王族や貴人、セレブたちが華人のコミュニティから感謝の気持ちをこめたもてなしを受けるようになったのは、ラーマ3世の治世（1824〜1851）かららしい。華人はどこにでもいるので中国正月もタイ全土で祝われるが、バンコクの中華街ヤオワラートと、タイで中国人が初めて住みついたナコーン・サワンが特に盛大と言われている。

ラーマ1世が現在に続くラタナコーシン王朝をバンコクに興した時（1782年）、既に華人の集落があった場所に王宮を建設したため、華人たちはさらに南のサンペーンに移住させられた。そこが現在のヤオワラートの起こりとなった小路で、今でも当時をしのばせるたたずまいと繁盛ぶりをみせている。

大晦日の夜11時半ごろヤオワラート通りに出てみたが、カウントダウンなどのイベントが行なわれる様子はなかった。年が明ける瞬間は中国寺院にいて、さぞかしにぎやかな新年になるのではと期待していたが、花火が盛大に上がるわけでもなく、初詣の参拝客が殺到するわけでもなく、静かな年明けだった。

もちろん、ふだんなら夜中は閉まっている寺院内はこうこうと

中華街に
祭られているのは
観世音菩薩、
道教の女神媽祖(まそ)、
財神の関帝、
土地神などさまざま。

いつもにぎわいを見せる
問屋街。

左●路上で
仕上げ作業中の棺桶屋さん。
中●裏通りには
のんびりした雰囲気もある。
右●さすがは大問屋街、
ホテルの客室には
買い物用にトートバッグが
用意されている。

左●活気に満ちた
サンペーン小路
(ソイ・ワニット1)。
中●商売の町だけあって、
電話ボックスにも
「財」の字が…。
右●大晦日には
中国寺院も大掃除。

明るく、正面には新年用の特別な祭壇が設けられて参拝客も周辺の屋台に集まる人の数も減ることはなく、さらに中国正月らしくあちこちで爆竹のけたたましい音がしていた。ここでは危険防止のため禁止されていて、おおっぴらにはできないようだが、うかれた若者のグループが裏通りで時々遊んでいるようだ。やはりこの音を聞かないと正月を迎えた気がしないのだろう。日本にもねずみ花火とか2B弾など、いたずらのおもちゃ花火はいろいろあったが、これは大きな音で魔物を追い払うという古来のおごそかな習慣なのだそうだ。

　元日の夕方から新年を祝うショーやイベントが行なわれるので、中華大門から通りを100mほど仕切ってステージと屋台料理コンテストのブースがもうけられていた。プラテープ王女が新年を祝うスピーチをしてコンテストの審査委員長もつとめたあと、さら

に大スターや人気アイドルたちのライブショーが行なわれ、いよいよ新年気分が盛り上がっていく。

　5車線のヤオワラート通りは歩行者天国となり、昼間から歩道側には屋台がたくさん出て「路上の新年会」気分だが、しかしこの人出のすごさ。夜7時ごろから道路の中央には露天商が2列に店を広げるからますます道はせばまり、まわりを人波に完全にかこまれてよちよち歩きしかできなくなる。

　ところがそんなところに突然にぎやかなお囃子とともに獅子舞が4頭も現れて踊りだした。これはふつう7人のチームで、2人が獅子になって前半身と後半身とに分かれてアクロバティックなパフォーマンスを見せ、1人がおもちゃの紙幣を持って先導し、あとの4人は楽隊で銅鑼、シンバルと太鼓をにぎやかに鳴らしなが

左上●ヤオワラートのシンボル中華大門。
右上●小さな祠にも初詣客が。
下●元旦の夜の中国寺院。

ふだんは5車線のメインストリートが人であふれる。
夜になるとますます人出が増える。

ら獅子の後についてゆく。

　もうひとつ、中国正月に欠かせないのは龍舞(ドラゴン・ダンス)で、何十人ものパフォーマーが支えるきらびやかで長大な龍が玉を追ってうねりながらパレードするショーは華やかな演出で見ごたえがあるが、さすがにこの雑踏に登場することはなかった。

　この日から3〜4日ほどは、いつも働き者の華人たちも店のシャッターを下ろして、家族そろって正月休みを楽しむ。それでも飲食店は観光客も来るから書き入れ時と見えて、いつもにましてテーブルの数が多いようだ。

左上●いきなり登場した
獅子舞チーム。
右上●夜のショーでは
電飾がほどこされる
ドラゴン・ダンス。
左下●この獅子に
噛まれると一年を無事に
過ごせるという。
右下●会場によっては
大技を披露することもある。

3　中国正月とタイの華人

タイの華人

　古くは13〜15世紀のスコータイ時代から中国との交流があったタイだが、16世紀のアユタヤ時代にはさらに関係が深まり、17世紀になるとアユタヤには既に中国人居留区があったようだ。出身地は多く福建、広東と潮州（広東省の県）だったが、そのネットワークと貿易の実務経験・能力を買われて王室に重用され、商人としてだけでなく、王室の経理まで任されるようになった。
　アユタヤ王朝がビルマに倒されたあと、18世紀半ばに潮州系中国人の血を引くタークシンが独立を回復したが、彼はまずタイ

左上◉通りの一角が
　　　イベント会場となる。
右上◉大スターも登場する
　　　特設ステージ。
左下◉路上レストランは
　　　大繁盛。
右下◉イルミネーションは
　　　すべて赤。

29

東南部ラヨーンを拠点とし、そこにいた同族の力を利用した。そのためタークシンがトンブリー王朝を興してからも「王家の華人」として優遇されたのでさらに移住者が増え、タイの華人はその約70％が潮州系といわれる。だからタイ人にとってふつう中国語とは北京語でも広東語でもなく、福建語系の潮州語のことだし、今でも潮州系の勢力が強いといわれている。

　このトンブリー王朝が一代で終わったあと、ラーマ1世（チャオプラヤー・チャクリー）が1782年に対岸のバンコクに都を移してラタナコーシン王朝（チャクリー王朝）を起こしたが、ここでも華人商人は優遇されていた。

　タークシン王以来200年以上がたち、現在ではすっかりタイに同化して中国語を話せない人も多い華人だが、1828年のスキンナーによるバンコクの推定人口では、華僑とその子孫が3万6000人、シャム人8000人、ラーオ人1万6000人、その他1万7000人で、総人口7万7000の半数近くを華人が占めていた。さらに19世紀から第2次世界大戦にかけても多数の華人が仕事を求めて移住してきて、日本の長崎、神戸、横浜などの中華街と同様、華人の伝統的な祭りが全国で引き続き行なわれている。また別の資料によれば、明治40年（1907）当時、バンコクの人口は61万人でその半数は華人だったという。ちなみにその時いた日本人はたったの180人だった。

トライミット寺内の
ヤオワラート博物館で
その歴史を
知ることができる。

左●タイのバイクは80％が日本製だが、
ヤオワラートにはなぜかベスパが多い。
右●トンブリー側から見たチャオプラヤー川。

30　　　3　中国正月とタイの華人

4 マーカブーチャーと
プラタート・パノム祭
（万仏節）

วันมาฆบูชา
งานพระธาตุพนม

全国。2月末から3月初めごろ＝旧暦3月の満月の日

マーカブーチャーの寺参り。

　マーカブーチャーとはパーリ語で「旧暦3月の満月祭」のこと。2500年以上前、仏陀の説教を聞くために、事前になんの誘い合わせもなく1250人の弟子が集まったという奇跡的な出来事を記念する日。仏陀が王舎城（おうしゃじょう）(古代インド、マガダ国の首都ラージャグリハ)の竹林精舎（ちくりんしょうじゃ）で説教をしていたときのこと、ある満月の日に、約束もなしに1250名の僧侶が集まった。そしてその僧侶たちはすべて仏陀が直接出家させていて、またすべてが阿羅漢果（あらかんか）(悟りの最高到達点)を得ていた、という4つの偶然が重なったとされ、「四部集合」とも呼ばれる。

説教をする仏陀の壁画。

　このマーカブーチャーの行事は、1851年モンクット王（ラーマ4世、在位1851〜1868）によりインドの習慣にならってエメラルド寺院で式典が行なわれるようになったもので、それ以前にはなかった。さらに次のラーマ5世（チュラーロンコーン王）は全国巡行など公務多忙でバンコクをあけがちだったため、その都度行き先の寺院で参加するようになり、その結果この行事が全国に広まったと言われている。

32　　　4　マーカブーチャー(万仏節)とプラタート・パノム祭

なお、お釈迦様の誕生・悟り・入滅に関しては、日本の仏教では降誕会(灌仏会とも。西暦4月8日)・成道会(西暦12月8日)涅槃会(旧暦2月15日)として別々に行なわれるが、上座仏教ではこれらは同じ月の同じ日のこととされる。

プラタート・パノム祭 งานพระธาตุพนม
(旧暦2月の満月、マーカブーチャー前後の9日間。西暦の2月～3月ごろ)

毎年マーカブーチャー(万仏節)を中心にその前後9日間にわたって、イサーン(東北地方)のナコーン・パノム県にある名刹プラタート・パノム寺で行なわれる大祭。マーカブーチャーはタイ仏教の重要行事の1つにあたり、タイ各地からだけではなく、メコン

イサーン(東北タイ)
随一の名刹
タート・パノム。

左●メコン川から続く表参道。
右●メコン川の対岸ラオスからも続々と船が着く。

川をはさんだ対岸のラオスからも数多くの巡礼がやってくる。

　山門前の国道は、渋滞する車とその間を縫って仏舎利塔へ向かう人々でごった返し、その人波にもまれながら広い境内に入ると、通路にびっしりと露店が並び、本堂に向かう人の流れに帰りがてら店をひやかす人が逆流となって渦を巻くようにさらに混雑が激しくなる。仏舎利塔の周囲は人で埋め尽くされているものの、時計回りに3周してお参りする「ウィアン・ティアン」というルールがあるので、それなりに整然としている。

　お参りのグループは大きいものは40〜50人もいて、シンバルや太鼓を先頭に立てたり、荷車に発電器と楽器を積んでにぎやかに伴奏付きで回ったりしている。さらにそこにマイクで僧侶の説法がかぶさり、霞のようにたなびく大量の線香の煙とあいまって、仏日の儀式というよりはヒンドゥー教の大祭を思わせる強大なエネルギーがほとばしっている。

　タイでのお寺参りでは、ろうそく、線香、つぼみの蓮の花と金箔が参拝セットとなっている（10〜30バーツ）。普通はろうそくの火で線香をつけ、蓮と一緒に両手に挟んで拝み、金箔を仏像に貼るが、このマーカブーチャーなど大きな仏日には、「ウィアン・ティアン」という特別なお参りの仕方がある。ウィアンは「回る」、ティアンは「ろうそく」という意味で、夜、満月を頭上にしながらろうそくをともして本堂のまわりを時計回りに3周する。普段のお寺参りでもこうするていねいな人もいる。

　ラオスからはお参りと見物をかねて日用品の買出しに来ている人が多いようだ。露店はめがね、時計、おもちゃ、アクセサリー、工具類、鍋釜と調理道具、食器、家庭用品、自動車やオーディオ

上◉熱心に説法を聞く参拝客。
左中◉各地からバンドつきでやってくる巡礼。
右中◉霞がかかったように線香の煙がたなびく。
左下◉仏舎利塔の入り口はかなりの混雑。
右下◉100人をこすような大グループも。

用品など、それこそ何でもあるが、特にTシャツ、ジーンズ、子供服など衣類関係が多い。年に1度の機会に生活必需品を買い込み、さらに子供たちのおねだりにお祭り気分で財布のひもをゆるめるおかあさんの姿があちこちに見られた。

　いよいよ満月の晩、7時30分ごろ境内に入ると、特設の説教台で読経が行なわれていた。そのまわりはびっしりと信者で埋めつくされ、静かな熱気が伝わってくる。やがて読経が終わると、50〜60人ほどの僧侶の一団が高僧を先頭に塔のまわりを回り始めた。僧侶たちが通過すると一般客もあとに続くことができるが、1周してくると正面の参拝者はさえぎられ、VIPさながらの交通整理で優先通行が認められる。3周すると僧侶たちは正面に拝礼して退場し、それまで遠慮していた参拝客がどっと入ってきて一段と混雑が激しくなり、祭りは静かな熱気のこもったクライ

上●お寺グッズ・ショップ。ミニチュアの仏舎利塔大中小それぞれ500、300、200バーツなど。
左下●対岸ラオスからの人はお寺参りの正装である「パービアン」と呼ばれるショールを肩にかけている。
右下●イサーンのおやつ、クズイモ。

4　マーカブーチャー（万仏節）とプラタート・パノム祭

上●夜も人出はとぎれない。
左下●満月のウイアン・ティアン。
右下●僧侶の参拝で儀式は終わり。

マックスに達する。ちょうど僧侶たちが参拝を終えた8時30分ごろ、数発の花火が満月の夜空に打ち上げられてマーカブーチャーのフィナーレを飾った。

タート・パノム縁起　お釈迦様が涅槃に入られてから数年後、高弟マハー・カッサパに率いられた500人の高僧と、シー・コータブン王国（5〜6世紀にメコン川左岸に栄えたという王国）の王と領主5人がお釈迦様の胸骨を携えて仏舎利塔を建てた。はじめは窯のような形で高さは10mほどだったがその後に何回か改修・拡張されてその都度高くなっている。1975年に大嵐の風雨のため倒壊したがす

37

ぐ修復され、今では高さ57mの偉容を誇っている。なぜここがそれほどの聖地かというと、晩年の仏陀が訪れたことがあるからで、一番弟子のアーナンダとともに空を飛んでメコン川沿いに足跡を印し、一泊なさったという。その時仏陀は、将来このあたりに篤く仏教を信仰する王が現れ、その国はおおいに繁栄するだろうとおっしゃられたそうで、それこそ今や伝説となっているシー・コータブンなのだろうか。

　ここタート・パノムにはインドからタイに寄贈された5本の「仏陀の菩提樹」の1本がある。贈られたのは第2次大戦中のことで、2本がバンコクのプラシー・マハータート寺に、さらにナコーン・シータマラートのマハータイ寺、チェンマイのドイ・ステープ寺に1本ずつ植えられている。

上●大きく枝を張った仏陀の菩提樹。
左下●初期のタート・パノムの模型。当時の高さは約10m。
中下・右下●対岸ラオスのター・ケークに残るシー・コータブンの仏塔と、当時の城壁とされる岩壁。

4　マーカブーチャー（万仏節）とプラタート・パノム祭

5　チェンマイの花祭り

มหกรรมไม้ดอกไม้ประดับ
จังหวัดเชียงใหม่

チェンマイ。2月初旬

チェンマイは「北のバラ」とも呼ばれるタイ北部の古都。山岳地帯のふもとにあり、標高は約300mだが比較的涼しくて、豊富な種類の花が栽培されている。それは2006年11月から3ヵ月間、ここで「ロイヤルフローラ・ラーチャプルック2006」と呼ばれた花博が開かれたことでもわかるとおりだ。

　タイでは13世紀のスコータイが最初の王朝と考えられがちだが、それとは別にほぼ同時期から北部にはラーンナー王国が興っていて、名君メンラーイ王のもとにその前からあったモン族のハリプンチャイ王国を支配下に置いて領土を拡張し、1296年からはここチェンマイを首都として約200年間にわたって栄えていた。

　1558年にミャンマーに滅ぼされ、その後200年以上にわたって

左上●ふだんでも町には花壇が多い。
中上●デザインにはチェンマイの風物も多くとりあげられる。
右上●あでやかなパレードも見どころ。
下●花の山車を作るのはコミュニティや学校、職場のグループ。

上●会場には蘭を中心に品評会が行なわれる。
下●ミス花祭り候補たち。

　その属国となっていたが、18世紀半ばに、トンブリー王朝を興してアユタヤ王朝以来のシャム（タイの旧称）を回復したタークシン王によってミャンマーの支配から逃れ、次のチャクリ王朝時代にチェンマイ王家を興して本格的に復興の道をたどった。

　このチェンマイ王朝はシャムの属国として100年以上続いたが、正式にタイの県の1つとなったのは1933年で、わずか78年前のこと。それだけ独自の文化と伝統が重んじられて別格とされてきた証拠ではないだろうか。

　なおチェンマイとは「新しい町」という意味で、それまでの都だったチェンライに対してつけられた名前。正式にはノッパブリー・シー・ナコーン・ピン・チェンマイ（ピン川沿いの美しい新都）と言う。

　祭りは金曜日からで、午前中からメイン会場のブアック・ハート公園内で花の展示とガーデニングのコンテストが始まる。さす

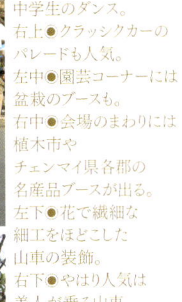

左上●オープニングを飾る
中学生のダンス。
右上●クラッシクカーの
パレードも人気。
左中●園芸コーナーには
盆栽のブースも。
右中●会場のまわりには
植木市や
チェンマイ県各郡の
名産品ブースが出る。
左下●花で繊細な
細工をほどこした
山車の装飾。
右下●やはり人気は
美人が乗る山車。

入賞した山車は
ター・ペー門前広場でも
展示される。

42　　　5　花祭り

上●サームローも
パレードに参加。
左下・右下●会場の
公園のまわりは
歩行者天国となって
山車が展示される。

　がにタイらしく、中心となるのはやはり色とりどりの蘭だ。同公園では夕方、花の女王のミスコンが行なわれるが、タイ人だけでなく外国人の部もあって国際的な観光地らしさを見せている。公園の外側のアーラック通りは歩行者天国となり、屋台や植木市、県内各郡の物産展などでにぎわう。
　土曜日は朝8時ごろからナワラット橋のたもとでにぎやかな開会式が行なわれ、着飾った女子中学生たちがオープニングのダンスを見せる。そのあと県知事が開催宣言をして8時30分からいよいよパレードが始まり、メインストリートのターペー通りをまっすぐ進み、旧市街のお堀沿いに会場のブアック・ハート公園へ向かう。花祭りにふさわしく芸術的な花の細工をほどこされた多く

左上・右上●伝統衣装が美しい少数民族のパレードも。
左下●にぎわいを見せるサンデー・ウオーキング・ストリート。
中下●ター・ペー門前広場では伝統芸能のショーも見られる。
右下●チェンマイ名物カオソーイ(カレーラーメン)。

の山車がマーチングバンドやダンスチームを先頭にパフォーマンスを見せながらゆっくり進むので、パレードは昼すぎまで続く。
　ターペー門前にはステージが設けられて、夜は伝統民族芸能や学生バンドのパフォーマンスが繰り広げられ、同じ門前の広場は露店と食べ物屋台でにぎわう。
　日曜日、ブアック・ハート公園ではひきつづきチェンマイ県各郡の物産展と植木市が開かれ、アーラック通りもそのまま歩行者天国・大露店街になっている。ミスコンがあったステージでは夜に学生や若者たちのバンドが出演して伝統芸能からタイ・ロックまで幅広いレパートリーを聞かせる。

チェンマイ美人の伝説　昔から美人の産地として有名なチェンマイだが、古老の話では1950年代、チェンマイのワローロット市場にピナンという絹織物屋があり、同地出身の美人ばかりを店員に雇ったので客が集まり、とても売り上げが上がった。またミス・チェンマイコンテストではこの店員の誰かが毎年のように優勝・入賞していたため、この店の製品と美人店員の評判はバンコクにも伝わり、チェンマイにやってきたバンコクのお金持ちもこの店

44　　　5 花祭り

チェンマイの祭には
美人がつきもの。

で買い物をするようになったということで、このような宣伝効果も伝説の普及に一役買ったものと思われる。

チェンマイの7つ自慢
1. 花博（2006年）が開かれたほど豊かな種類の花
2. メーチェーム郡のラーンナースタイルのサローン（巻きスカート風の伝統衣装）
3. ハーンドーン郡タワイ村で生産される精巧な木工芸品
4. チェンマイの前身だったウィアン・クム・カムの古代遺跡
5. 市内ブアック・ハート公園に咲き乱れる花々
6. おいしくて甘いいちご
7. タイ最大のチェンマイ水族館

望天樹街道　ハリプンチャイ王国時代の古都ランプーンとチェンマイを結ぶ旧道には約20kmにわたって両側に見事な並木がそびえている。これは1899年に植えられたヤーン・ナーという木で、熱帯に多いフタバガキの一種。日本では東南アジア各地から輸入

「チェンマイの7つ自慢」を
アピールするグループ。

されるラワン材として知られているものの、和名はない。中国語では天に向かってまっすぐにそびえるその姿から「望天樹」と呼ばれる。英語で「ダマール・オイル・ツリー(damar oil tree)」というとおり樹脂が多く、ラッカー、ワニスの原料となる。

120年前にここでこの木の美しさに感心していた日本にもなじみの深い英国人がいた。それは明治時代にイギリス外交官として日本に駐在したアーネスト・サトウで、彼は1885～88年に公使としてタイに駐在中チェンマイに旅行し、ランプーンで天をつくようにそびえるこの木が印象に残ったと日記に書き残している。この街道にその苗木が植えられる4年前のことだった。

既に樹齢100年を超え、高さは50～60mにもなろうかという堂々とした並木は、既に道幅のほうが狭く感じられて不釣り合いにも見えるが、長い歴史を感じさせる偉容は一見の価値がある。

チェンマイ―ランプーンの
望天樹街道。

5 花祭り

6 ポーイ・サーン・ローン
（タイ・ヤイ族の少年出家式）

ประเพณีปอยส่างลอง
แม่ฮ่องสอน

メー・ホーン・ソーン。3月末か4月初め

左●少年には3人の男性がつきそって
交代で肩車と傘もちをつとめる。
右●色とりどりの衣装と
きらびやかなかぶりものにアクセサリーといういでたち。

　タイ北部、特にメー・ホーン・ソーン一帯にはミャンマー北部から移住してきたタイ・ヤイ族（シャン族）が多く住んでいて、まだ独自の伝統文化を残している。その1つが北部の言葉で「ポーイ・サーン・ローン」と呼ばれる少年の出家式で、3月末か4月初めに行なわれる。この儀式が始まったのははるか昔、957年と言われているが、タイ・ヤイ族の夫婦は自分の息子を子どものうちに見習い僧として出家させると「八劫＊」という非常に長い年月にわたって功徳を受けられるので、今まで1000年以上にわたってずっと受け継がれてきた大事な行事だ。クリスタルのように純粋無垢な子どもが出家すれば、その精神はますます研ぎすまされると信じられてもいる。

＊註……劫（こう）とは落語「寿限無」にも出てくる仏教の言葉で、きわめて長い時間の単位。世界が1回できあがってから消滅するまで四劫の時間がかかるという。『タイ日大辞典』（富田竹二郎）によれば、「一由旬（ゆじゅん＝古代インドの距離の単位）立方＝14.4kmの3乗の大きさの堅固な城にケシ粒を満たし、100年に1粒ずつ取り去っていって、すべてなくなってもまだ一劫は終わらない」そうだ。

　出家式の2日前に子どもたちは地元の寺で頭を剃り上げ、聖水でお清めを受ける。この時点で子どもたちは俗人でもなく、僧侶でもない特別な聖なる存在となっていて、自分の足を地面につけることは許されず、常に父親や叔父さんなど親戚の男性に交代で肩車されて外出する。
　式前日の朝8時ごろ、この年の出家式が行なわれるムアイ・

48　　　6　ポーイ・サーン・ローン（タイ・ヤイ族の少年出家式）

左●タイ・ヤイ族は大家族で、そのつながりをとても大切にするから、
子どもたちにとっても村中の家を回るのは心が安らぐ。
右●足を地面につけてはいけないので、
いつも肩車されている。

トー寺前には、少年たちが家族親戚も総出で集まり始め、少年たちを囲んでいくつもの人垣ができていた。タイでは出家前の男性は「ナーク」と呼ばれ、髪と眉毛を剃って白装束だが、タイ・ヤイ族の場合は王子さまのあでやかな衣装をまとい、きっちりメイクまでして、頭は華やかなシルクと花で飾られたきらびやかなかぶり物で決めている。おまけにアクセサリーをたくさんつけてまさに「宝石坊や」(ルーク・ケーオ)と呼ばれるにふさわしい豪華

出家の期間は
3日から7日間。

49

左●少年には3人の
男性がつきそって
交代で肩車と傘もちを
つとめる。
右●パレードの伴奏は
銅鑼と太鼓だけという
素朴なもの。

左●晴れ着の女性たちが
出家者への
寄進物と造花の
お供えを持って
パレードに加わる。
右●見物の幼児も
民族衣装できめている。

ないでたちだ。

　これからがこの祭のハイライトで、この宝石坊やたちを肩車した盛大なパレードが町中を練り歩く。小さな町だがこれだけのパレードがゆっくりめぐるから、終わるのは昼すぎになる。

　当日の朝、子どもたちは親戚や友人、町のリーダーの家などにあいさつ回りをしてから出家式にのぞむ。訪問先では家長が暖かく迎えて菓子や飲み物でもてなし、幸運を祈って子どもの手首に白い木綿糸を結んでやる。

　式の後はそれぞれ地元の寺に入るが、ふつう出家の期間は1週間ほど。なぜ7歳から14歳の少年かというと、お釈迦様の息子であるラーフラがすべてを捨てて僧団最年少で出家し、のちに十大弟子の1人にまでなったことに由来するらしい。このような篤い信仰を持つ土地柄なので、出家式も盛大になっている。

　メー・ホン・ソーンの町は半径500mもないくらいの大きさで、クン・ルム・プラパート通りをメインストリートにしてその東西に広がっている。こぢんまりとした町の景観の中心になるのがチョーン・カム湖と、そのほとりに建つチョーン・クラーン寺とチョーン・カム寺で、特に夜は仏塔がライトアップされ、湖に美しいミャンマー風のシルエットを映しだす。

　メー・ホン・ソーンで一番の景観であるこのミャンマー風の美しい仏塔の前をにこやかにパレードする子どもたちと嬉しそうな親族。近代的な生活を送っている町の姿の奥底にまだまだ素朴な信

左●タイ・ヤイ族の
風俗・習慣が彫られた
サーイ・ユット市場の門柱。
右●チョーン・クラーンの
仏塔が町のシンボル。

左●3、4月には煙害のせいで飛行機が着陸できないこともあるメー・ホン・ソーン。
中●ライトアップされたチョーン・クラーン寺の仏塔。
右●丘の上の仏塔はプラタート・ドーイ・コーン・ムーといって、
大きい方は1860年にチャオ・トン・スーによって建立され、
ミャンマーの高僧の遺物が納めてある。
小さい方は1874年に初代知事のパヤー・シンハナート・ラーチャーが建立。

仰心が息づく山里の伝統が印象的だった。
　チョーン・カム湖は湖とはいっても周囲1kmもないほどで、大きめの池と言ってもいいくらいのものだが、それはそれでこの町の規模に合っていて、箱庭を眺めているようだ。
　そのような観光地として構えたところのない町なので、かえって素朴なムードを求める外国人旅行者には人気があり、長期滞在する人も珍しくない。やはり乾季には観光客がたくさんやってく

左●古い民家が残る町並み。
中●メー・ホン・ソーンの山道にはカーブが3934ヵ所もあるというデザインのTシャツ。
チェンマイから飛行機なら30分足らずだが、クルマだと5、6時間かかる。
右●シャン風ポークカレー、ケーン・ハンレー。ほろほろに煮込まれた豚肉が美味。

左●近郊にある
地酒の蒸留所。
中・右●ローカル色豊かな
屋根が信号や
バス停にも。

51

るが、ごったがえすほどではないし、ひなびたたたずまいながらちゃんとしたレストランやしゃれたパブもある。居心地よく過ごせる穴場と言えるだろう。

カヤン族（首長族）の村フアイ・スア・タオ　メー・ホン・ソーンから約30km。入場料250バーツ。道路標識には「首長カレン族の村」とあるとおり、彼らは山岳少数民族としては数も多くて有名なカレン族の一派でパドゥン族とも呼ばれるが、自称はカヤン族。

　首輪はコイル状の真鍮で2、3kgあるだろう。この首輪をはずしたら、それこそ「ろくろっ首」のような姿になるのかと思ってしまうが、もちろんこれで首が長く伸びるわけではなく、重さで肩が落ちてその分首が長く見えるのだそうだ。女性が全員首輪をするわけではなくて、一説には満月の日に生まれた女の子だけが選ばれるという。ではなぜなのかというと、「ほかの部族に女性をさらわれないように見慣れない姿にした」「宇宙の父である首の長い龍に似せた」などいろいろな理由があるようで、はっきりしない。

　飾りは首輪だけではなくて、両腕には銀のブレスレットをいくつもし、膝の下にも真鍮のコイルを巻き、すねはブルーのスパッツで覆っている。それに、スカートは黒、上着は白というのが定番だが、中にはタイ族伝統の巻きスカートでくつろいでいる人もいる。

　カレン族は長い間ミャンマー政府と国境付近で武力抗争を続けていて、タイ側へ逃れてきた難民も多い。メー・ホン・ソーンには首長族の村が3つあるが、住民はいずれも30年前に難民となった人たちで、もともとの自給自足の暮らしそのままに、多少の観光収入を得て生活している。

ミャンマーの習慣で「タナカ」という水で溶いた木の粉を塗っている女性。

左●この集落の人口は約200人。
右●伝統的な精霊信仰による、神様をお迎えするポール。毎年立てなおすのが習わしとか。

7 ソンクラーン
(タイ正月・水かけ祭)

วันสงกรานต์　　　　　　　　　　全国。4月13〜15日

お寺で行なわれる
先祖供養の儀式。

　ソンクラーンとは、もともとはサンスクリット語で「通過する、移ってゆく」という意味で、太陽が黄道十二宮をめぐってゆくことを指すが、特にこの時期、太陽が双魚宮から白羊宮に入ってゆくことを大ソンクラーンと言う。これを祝うのは四季のある北インドの習慣で、冬が終わり春を迎えることから「ソンクラーン祭」が行なわれるようになり、これがタイに取り入れられて新年となったらしい。タイに春という季節はないが、ちょうど暑季もまっさかりで農閑期でもあるし、楽しく水をかけあって涼をとりながら祝うのによい時期だったからだろう。また、まもなく雨季を迎え種まきのシーズンになるので、雨乞いという意味合いもあるようだ。
　いつごろタイに入ったのかは定かではないが、アユタヤのナーラーイ大王の時代(1684〜86年)にフランス使節に随行したショワ

ジー神父の回想録にもソンクラーンの様子が記録されているそうだ。

正月の3日間のうち、4月15日が元旦ということになっているが、そのへんはあいまいで、大晦日とか除夜の鐘、あるいはカウント・ダウンなどもないまま年が明けて、12日から「サワディー・ピー・マイ(新年おめでとう!)」と水かけが始まることになる。

年長者の手のひらにジャスミンで香りをつけた水をかける。

なおこのソンクラーンは、東南アジアではほかに同じ上座仏教のラオス、ミャンマー、カンボジアでも行なわれているが、もともとは仏教とは関係がない。

伝統的なソンクラーン期間中の行事は以下の通り。

- 自宅や公共施設、寺院の大掃除。
- お寺に参拝し、僧侶に食べ物を寄進する。
- 魚や鳥を放して放生(ほうじょう)の功徳を積む。
- 僧侶の説教を聞き五戒を守る(生き物を殺さない、酒を飲まない、嘘をつかない、セックスをつつしむ、盗みをしない)。
- 香りのよい水で仏像を洗い清める。
- 旗と花で飾った砂山を奉納する(参拝するたびに履き物に付けて持ち出している砂をお返しする)。
- ご先祖様の供養をする。
- 年長者に敬意を表して新しい服を身につけ、香りのよい水を年長者の手にかけ、さらにみなで水をかけ合って楽しむ。
- 各地の伝統芸能で正月を祝い、ミス・ソンクラーン・コンテストを開く。

信者から僧侶へ年始の水かけ。

お寺では僧侶の手に水をかけて敬意を表す。またこの日を敬老の日とするところもある。
　このような一連の行事が終わると、いよいよ若者を中心に無礼講の水かけ合戦が始まる。
　そもそもは龍神（パヤー・ナーク）が天上の池で水浴びするさまを真似たものと言われているが、水をかけ合うのは相手の不運を流し去り、新たな年の幸運を祈るためなので、激しくやり合ってもみなにこにこしている。また、水だけではなく「粉ぬり」（ボディパウダーを水で溶いて相手の顔に塗りつける）も若者の間では盛んに行なわれる。特に若い女性は集中攻撃を受けることが多いので、「ソンクラーンは大嫌い」という人も少なくない。
　なおパタヤなどの観光地では数日遅れて16〜18日ごろがソンクラーンなので、正月を2度楽しみたいむきには好都合になっている。

チェンマイのソンクラーン　全国で祝われるソンクラーンだが、特に外国人観光客も多いチェンマイが有名。旧市街を取り囲む堀のまわり、

上●どんなにかけられても笑って受ける。
中●外国人観光客も大挙して参加する。
下●家や店の前に水かけの陣地を構える人たちも。

56　　7 ソンクラーン（タイ正月・水かけ祭）

チェンマイの
お堀端では
水は無尽蔵。

左上●故郷に帰って
なつかしい顔を
見る機会でもある。
右上●熱帯の正月らしい
アトラクションも楽しめる。
左中●一家総出で
水かけのおもてなし。
右中●氷で冷やされた水は
反則ぎみの秘密兵器。
左下●クルマ同士
すれ違いざまの水しぶき。
右下●ソンクラーン
特別仕様のウォッシャー？。

57

左上●ターペー門広場を中心に
メインストリートでは
道ばたの陣地とトラック隊が
水をかけあって大渋滞。
右上●水びたしの
歩行者天国となるお堀端。
左中・右中●トゥクトゥクは
屋根をはずして
水かけ用に変身。
左下・右下●仏像パレードも
水びたし。

ソンクラーンには
アロハがつきもの。
郡や町単位でオリジナルを作る。

58   7 ソンクラーン（タイ正月・水かけ祭）

お寺の前で僧侶から聖水をかけてもらうのも
古都らしいおもむき。

　特に外周通りはすべて水かけ会場になる。小さなバケツを持って堀のまわりに陣取るグループは前の道を通るクルマや人にぶっかけまくるし、周囲をそぞろ歩く人たちは水鉄砲などで楽しく応戦する。おもなイベントは13日が多く、水かけ合戦も一番盛り上がる。
　ターペー門広場の特設ステージではミスコンや演芸ショーが催される。寺でも僧侶が参拝客に聖水をかけてくれ、仏像のお清め、砂山奉納（寺詣りの際に足の裏に付けて持ち出してしまった砂を建築資材としてお返しする。）などの行事が行なわれる。
　13日の夕方には市内各所のお寺からプラ・シン寺まで仏像のパレードが行なわれ、集まった人々が盛大に水をかける。
　水かけは敬意を払う相手なら少量をゆっくり肩からかけ、もっと遠慮するなら腰から下にかけるだけ。遠慮なく頭からぶっかけあうのは若者同士。期間中、どこへ出かけてもまちがいなく水をかけられるので、服装や持ち物はそれなりの用意が必要。特に紙幣や携帯電話、カメラなどは防水ポーチに入れたほうがよい。
　ソンクラーンは日本のお正月と同じで故郷に帰った人たちが久しぶりで会う家族・親戚や友人とおおいに飲んで旧交を温める時

期でもあり、特に田舎では酒気帯びや酔っぱらい運転になることもまだ多い。クルマならまだしも、バイクに3、4人乗りもしょっちゅうなので、当然事故が増える。ちなみに2010年のソンクラーン中、交通事故による死者は全国で306名に達していて、期間中の酒類販売禁止などが以前から提案されているが実現はしていない。

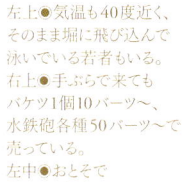

左上●気温も40度近く、そのまま堀に飛び込んで泳いでいる若者もいる。
右上●手ぶらで来てもバケツ1個10バーツ〜、水鉄砲各種50バーツ〜で売っている。
左中●おとそでパレード気分を。
右中●砂山奉納。
左下●ソンクラーン・ミスコンも盛大。
右下●節酒・禁酒を呼びかけるポスター。

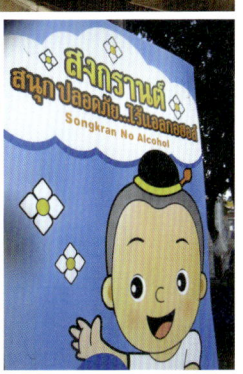

古老によれば、水かけ会場がお堀周辺になったのは20年ほど前からで、それまではナラワット橋あたりのピン川だったそうだ。
(写真提供：ブンスーム・サータラーパイ)

60　　7　ソンクラーン（タイ正月・水かけ祭）

8　ウィサーカブーチャー
（仏誕節）

วันวิสาขบูชา　　　　　全国。4月か5月＝旧暦6月の満月の日

上●ウィアン・ティアン。
左下●毎朝、僧侶の托鉢に応じて食事を寄進する習慣が全国に定着している。
右下●生まれた曜日によって拝む仏像のポーズが決まっている。

　この日は釈迦が生まれ、悟りを開き、入滅したという一番重要な仏日（ワン・プラ）で、釈迦の徳に対して礼拝するための儀式が行なわれる。信心の篤い人は朝から身を清めて喜捨をし、白い服をまとって寺に行きお経をあげるのが慣わしとなっている。夜は説教のあと、ろうそくを灯しながら本堂を時計回りに3周する「ウィアン・ティアン」とよばれる参拝をする。
　タイには熱心な仏教徒が多く、携帯電話に「着メロ・着うた」ならぬ「着お経」とか、無料壁紙アプリに仏像の写真集があるほどだ。
　なお釈迦は紀元前466年（一説には564年）、摩耶夫人がお産のため実家のお城に帰る途中、立ち寄ったルンビニー花園の無憂樹の

もとで誕生したと伝えられている。日本では4月8日の灌仏会(花祭り)にあたる。ほかの仏日と同様、飲食店ではアルコール類を販売しない。

　タイの大きな仏日はマーカブーチャー(万仏節)、ウィサーカブーチャー(仏誕節)、アーサーラハブーチャー(三宝節)、カオ・パンサーとオーク・パンサーだが、ふだんでも新月の日と満月の日、そしてその中間日の2回と、ひと月に4回の仏日がある。仏日には全国のお寺で法要が行なわれ、そのたびごとに寄進の品々とお布施が寄せられ、寺ごもりをする人も多い。昔はこの仏日が今の日曜日のような休日となっていた。

上●寺参りはごく日常的な習慣。
下●仏日には寺ごもりする信者も多い

タイ人は観光旅行でも
お寺参りは欠かさない。

遊行(ゆぎょう)
(各地を巡り歩いて修行すること)中の
僧侶の屋外の寝床。

8 ウィサーカブーチャー(仏誕節)

9 農耕祭

見事な毛並みの白牛が用意される。

วันพืชมงคล

バンコク王宮前広場。5月

式場は王宮前広場。

　毎年5月にバンコクの王宮前広場で行なわれる、その年の農作物の出来を占う王室行事。もとはバラモン教(ヒンドゥー教の前身)の儀式で、釈迦が生まれる前から行なわれていたという。タイではスコータイ時代に始まり、アユタヤ時代にはやや下火になったが、現王朝になって昔通り盛大になり、ラーマ4世のころには儀式に仏像が祀られ、僧侶が読経するようになった。

　日取りはバラモンの占星術によって決められるが、たいていは5月第2週の吉日となっている。この日はタイにおける正式な田植えの始まりを告げる日となり、国王がこの儀式に臨席する。

　式の当日、祭壇にはヒンドゥーの神と仏像が祀られ、タイの農業を象徴する植物などが供えられる。まず初めに「プラヤー・レーク・ナー」という官職が、長さの違う3枚の「パーヌン」という布の1枚を引く。これはその年の降雨を占うもので、一番長いのを引けば雨は少なく、一番短いのを引けば十分雨が降り、中間のを引けば雨もほどほど、ということになる。

　引き続いて、2頭の白い聖牛に朱と金色に塗られた鋤を付けて式場内を何度も周回して耕しながら、プラヤー・レーク・ナーが付き従う女官が捧げもつ金銀のかごから種籾を盛大に撒いてみせる。この時バラモン僧は付き添ってホラ貝をならし、呪文を唱えながら聖水を地面にまき、その間僧侶は読経を続ける。

　およそ15周耕してまわったあと、聖牛に7種類のえさと飲み物(米、豆、とうもろこし、干し草、ごま、水、酒)が与えられ、何を食べたかでこの年の作柄を占う。ちなみに2009年の儀式で牛はゴマと草

儀式用の豪華な鋤をつけた牛を先頭に、
プラヤー・レーク・ナーという農業省に属する官職が
会場に種籾を撒いて回る。

奏でられる音楽もインド的なもの。

を食したが、これはその年は豊作になることを示しているという。
　いまだ国民の50％ちかくが農業に従事するタイではこの占いの結果も重要だが、わざわざ王宮前広場まで儀式を見に来た農家の人たちにとってはこのあとが本番。式が終わって柵が取り外されるや先を争って耕された土に殺到し、一粒でも多くの種籾を拾って持ち帰ろうとする。これはおめでたい種籾だから自分の畑にまけば必ず収穫が上がるおまじないになるというわけだ。

儀式の後会場になだれこんで種籾を拾う観客。

68　　　9　農耕祭

10　ロケット祭り

บุญบั้งไฟยโสธร

ヤソートーン。5月第2週末

タイ語でバンファイと呼ばれる
ロケットのパレード。

　「パヤー・テーン」あるいは「ピー・テーン」という空の神様のために、主にイサーン（東北地方）で毎年5月ごろ行なわれる祭りで、「ブン・バンファイ」と言う。ロケットを打ち上げてパヤー・テーンに農期が始まったことを知らせ、雨をたくさん降らせてくださいとお願いする儀式で、もともと仏教とは関係がなく、伝統信仰によるもの。

　ロケットの製作期間は10日から20日間。サイズは大中小とあって長さは1mから3mほど。中には1kgから120kgの黒色火薬が詰められ、本体の3倍ほど長く突き出した竹筒の尾が飛行を安定させる。これは古代中国で発明されたものらしく、タイ族のルーツとされる雲南地方の泰族には「高昇」と呼ばれるロケットが伝わっているそうだ。

　いったいいつごろからイサーンでロケットが作られるようになったのか、くわしくはわからないが100年以上前であることは確かなようで、はじめは節を抜いた竹筒に火薬を詰めていたが、現在は安全のため胴体は塩化ビニールを使い、内側を亜鉛で補強して暴発に備えている。ロケットを作るのは村の若者の仕事だが、燃料の火薬を詰める危険な作業になるとベテランの出番だ。

製作費は1基2万〜5万バーツで、制作グループが出し合ったり、お金持ちや企業のスポンサーがつく場合もある。達する高度は300〜600m。滞空時間は30〜50秒前後で、その長さでコンテストが行なわれるが、同時に見物客のヤミ賭博の対象にもなっているそうだ。

過去最大のロケットは2007年の重量1トン、長さ6m、制作費60万バーツというもので、打ち上げには成功したものの、すぐにコースを外れてしまったという。

左上●ロケット打ち上げは日曜10時から2時ごろまで。
ミニロケットは5〜10分おきに20発ほど。
右上●いかにも雨が降りそうなユニフォーム。
下●大型ロケットは45〜50分おきに5発ほど。据え付けも人力。

上●ジェット機が
離陸する時のような
発射の轟音がひびく。
下●いかにも手作りらしく
迷走するロケットも多い。

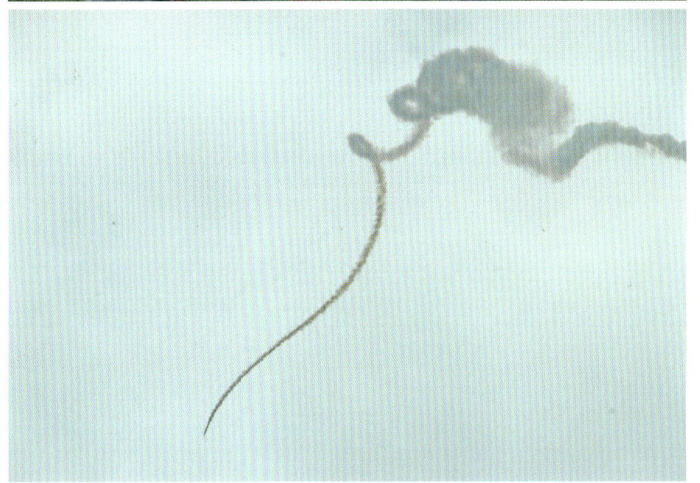

　ロケット祭りはイサーン各地で行なわれるが、ここヤソートーンが一番大規模。さほど大きくない町のメインストリート、チェーンサニット通りが土曜日のメイン会場となり、両側の特設ステージで大音響の芸能ショーが行なわれる中、豪華な山車に乗ったロケットがパレードする。
　翌日曜がいよいよ打ち上げで、川岸のパヤー・テーン公園は大勢の見物客でごったがえす。1基ごとに会場アナウンスが打ち上げのカウントダウンをするので、公園内ならどこからでも勢いよく上昇するロケットを眺めることができるが、そこはタイらしく発射台のかなりそばまで行けるから、迫力のある大轟音を身近で

72　　　10 ロケット祭り

上●もっと手作り感の強い
隣国ラオスのバンファイ。
ルーツはこちらとも言われている。
下●打ち上げに失敗したチームは
泥の中に放り込まれるが、これも楽しそうだ。

感じることもできる。

　なお日本の埼玉県秩父市には「龍勢」というよく似た祭りがあり、開催地の吉田町はヤソートーン市と1999年から姉妹都市交流し、互いの祭りに参加しあってロケットを打ち上げている。

小学校教科書のロケット祭り事始め　むかしむかしイサーンでは7年間も日照りが続き、地上の生き物は困っていました。そこで、ヒキガエルの王様は家来たちと土と泥を積んで天界への道を作り、帝釈天様に雨乞いをしに行きました。帝釈天様は神様の勉強会に出かけていて雨を降らせるのを忘れていたのでしたが、この願いを聞いてすぐにナーガ（大蛇）に天上池で水浴びをするように命じました。地上に降る雨とは、この時ナーガたちがまき散らす水だったのです。地上にもどったヒキガエルの王様は思いました。「もしまた帝釈天様が雨を降らすのをお忘れになったらどうしよう」。そこで蜂や蟻の王様たちと相談して、帝釈天様に雨季を知らせる花火を打ち上げることにしました。これが今に伝わるブン・バンファイの起源だということです。

まぼろしの雨乞い「猫行列」　北部と東北部（イサーン）に伝わる雨乞いの儀式で、イサーンのナコーン・ラーチャシーマーが発祥の地とも言われている。かごにコラット種の雌猫をとじこめて水を浴びせながら練り歩くもので、この猫の暗い灰色の毛並みを雨雲に見立てて早く雨が降るように祈る。既にすたれてしまったところが多く、今ではまず見られないが、祭りのパレードなどに登場することがある。

ぬいぐるみで代用した猫行列。

11　ピー・ター・コーン祭り

งานประเพณีการละเล่น
ผีตาโขน

ルーイ県ダーン・サーイ。
6〜7月＝旧暦6月の満月のあとの週末

タイ広しといえどもここダーン・サーイでしか見ることのできない奇祭。もともとピー・ター・コーン祭りはダーン・サーイの精霊を祀るために数百年も前に始まったもので、毎年行なわないと村に疫病や水不足などの災厄が降りかかると言われていた。それが長い間にほかの祭りや仏教の行事と混じりあい、現在この祭りのメインとなっているのは、僧からお釈迦様の前世の話を聞く「ブン・パヴェート（本生会）」と雨乞いのロケット打ち上げ（ブン・バンファイ）で、この2つを一緒にして「ブン・ルアン」とも呼ばれている。

　この前世の話の中でも一番人気のあるのはウェートサンドーン王子（お釈迦様の前世の姿）が帰郷するくだりで、この祭りのメインイベントとしてその様子を再現したパレードが行なわれる。王子の帰郷を喜ぶ人々や精霊がにぎやかに仮装して参加するが、その中でも独特の仮面と衣装を身につけた「ピー・ター・コーン」の姿が評判になって、近年多くの観光客を集めるようになっている。ピー・ター・コーンはこのブン・ルアンを盛り上げる、なくてはなら

左上●チャオ・ポー・クアンの家。
右上●バーイ・シーを受けるチャオ・ポー・クアン。
左中●エロチックなピー・ター・コーン・ヤイ。
右中●出発を待つ大パレード。
左下●手作り感いっぱいの仮装をしたちびっ子。
右下●チャオ・ポー・クアンを先頭にポーン・チャイ寺の境内を回る。

11　ピー・ター・コーン祭り

2000人以上のピー・ター・コーンが
祭りを盛り上げる。

ないキャラクターというわけだ。
　そもそもこの祭りがいつどのように始まったのかはよくわかっていない。400年前に始まったとも、ラーン・サーン王国（現在のラオス）から伝わったものともいうが、それも定かではないという点もますますこの祭を神秘的にしている。
　ピー・ター・コーンの語源には2つあるとされる。ひとつは「人についていく精霊（ピー・ターム・コン）」が変化したもの。これはお釈迦様が故郷に帰る時に人々だけでなく、精霊までもが森から出てきて歓迎したという話による。もうひとつは文字通り「仮面をか

77

ピー・ター・コーンの
ダンス・コンテスト。

ぶった精霊」という意味。

　ピー・ター・コーンには2種類あって、人が中に入る大きな張り子の「ピー・ター・コーン・ヤイ」と、仮面と衣装で仮装する「ピー・ター・コーン・ノーイ」がある。「ピー・ター・コーン・ヤイ」は竹の骨組みに布を張ったエロチックな男女カップルの張り子で高さは2mほど。昔は1組しかなかったが、今は祭りを盛り上げるためにダーン・サーイに8つある区ごとに作るので全部で16体になった。

　「ピー・ター・コーン・ノーイ」の仮面の作り方は昔通りで、その材料はふつうに台所にある、フアットというもち米を蒸す竹のかごとココナツの幹だ。これをつなぎ合わせて色を塗り、目の穴をあけ、とがった鼻をつければできあがり。衣装ももともとは自宅のぼろ切れや蚊帳、古毛布などをつなぎあわせて自分で作ったものだったが、今では色鮮やかな布で作るようになったし、チームとしてデザインを統一したり、スポンサーがついて、そのロゴの入った衣装をまとうグループも見かける。

　初めのうちは天然塗料による白、黒、赤の3色しか使われず、衣装も古布や蚊帳を利用した。今ではアクリル塗料やウレタンなどで見栄えのする仮面を作るようになったし、衣装もきらびやかだ。

　仕上げには腰に水牛の首鈴（カリン）をつけ、手には「イウ」という木の刀を持つ。イウは男性器の形で、よく見えるように赤く塗ってある。昔の人はそれが豊かさの象徴だと信じていたし、とにかく女性たちをからかうのには格好の道具だ。またこうしたややみだらな雰囲気は、厳粛な祭りの邪魔をしに来る悪魔の気をそ

11　ピー・ター・コーン祭り

らせる効果もあるそうだ。

　「ピー・ター・コーン・ノーイ」に扮するのはたいてい子どもやティーンエイジャーで男女を問わない。参加者にいたずらをしかけて歩くやんちゃなキャラクターは祭りの人気者で、「タイのハロウィン」と呼ぶ人もいる。地元では3年続けて、あるいは最低3回ピー・ター・コーンに扮すればもう立派なダーン・サーイっ子と認められるという。

　この祭りの日取りは、ダーン・サーイの祈禱師チャオ・ポー・クアンとチャオ・メー・ナーン・ティアムが、まず両者の家に宿っているピー・チャオ・ナーイ（守護霊）を呼び、チャオ・ポー・クアンに乗り移ったその霊からお告げを聞く、という手続きを踏んで決められる。

　祭りの初日、夜明け前に、チャオ・ポー・クアンのお付きであるポー・セーンたちがお供えもってマン川へプラ・ウッパクットを迎えに行く。

　プラ・ウッパクットとは、どんなものにも姿を変えられる大変な霊力を持った僧侶だったが、平穏な暮らしを求めて白い大理石になってマン川に入ったというダーン・サーイの守護者。ポー・セーンのひとりが川底からそれらしい白い石を拾い上げ、ご神体として台座に乗せ、祭りのあいだポーン・チャイ寺に祀られる。

　日が出て明るくなると、チャオ・ポー・クアンの家で「バーイ・シー」の儀式が行なわれる。バーイ・シーとは「めでたい食事」と

ピー・ター・コーンのほかにもいろいろな仮装がある。

左●ウェーットサンドーン王子の山車。
中●暑い中、仮面をかぶってパレードするのはかなりきつい。
右●貸衣装もあるので観光客も参加できる。

79

左上・右上●ポーン・チャイ寺にはピー・ター・コーン博物館と
スーベニア・ショップがある。
左下・右下●祭の期間中ピー・ター・コーン資料館で
仮面作りのワークショップが開かれる。
仮面は1つ1000バーツから。

いう意味で、ラオスとタイ東北地方（イサーン）で行なわれるお祝いや歓迎の伝統的な儀式だ。バナナの葉と花でお飾りを作り、祈禱師の祈りの後、ゲストの手首に木綿の糸が巻かれる。

　このバーイ・シーは、1年間、祭りのために日々のお勤めを果たしてきたチャオ・ポー・クアンとチャオ・メー・ナーン・ティアムへの恩返しのために行なわれるもので、大勢の人が集まるが、観光客も参加できる。

　バーイ・シーの後、チャオ・ポー・クアンとチャオ・メー・ナーン・ティアムを先頭にポーン・チャイ寺まで2kmほどパレードが行なわれる。このパレードが祭りのハイライトとなる。ウェーットサンドーン王子と妻、タイ舞踊のチーム、農民、漁師、さらには森の住民など、さまざまな扮装をこらした登場人物のほかに、きらびやかな衣装をまとった大勢のピー・ター・コーンで行列がふくらみ、見るからに華やかだ。

　パレードの前後にはポーン・チャイ寺や郡庁前広場で伝統芸能

「誰だかわからないほうが面白いから、昔は自分がどんな仮面を作っているかは教えなかったもんだよ」

ショーやピー・ター・コーンのダンス・コンテストなどが行なわれる。

　祭りのメインイベントはこれで終了だが、この日の夕方には雨乞いのロケットが打ち上げられ、翌日はポーン・チャイ寺でブン・パウェート（本生会(ほんじょうえ)）が行なわれる。これは全部で22編、547話もある仏陀の前世の物語で、そのうち一番重要で人気のある布施太子としての13編を一度に聞けば大きな功徳が得られるとされている。これもここだけではなく、たいていは3月にタイ全国で行なわれる行事で、東北地方（イサーン）のローイエットが有名だ。

　かつては、祭りが終わるとピー・ター・コーンの衣装と仮面はすべて厄落としとしてムン川に流されていた。しかし、今はピー・ター・コーン・ヤイだけが流され、ピー・ター・コーン・ノーイは保存されて翌年も使われることが多い。

ダーン・サーイ　ダーン・サーイはタイ東北部のルーイ県に属する。「ルーイは山が多く、雲海に囲まれ、タイで一番涼しい場所」というキャッチコピー通り、ルーイ県は、日本に比べればあまり高い山はないが、松の木や草原に覆われたなだらかな山々は美しい高原のイメージで、タイ人には人気のある行楽地になっている。チェンマイやチェンライがタイの軽井沢なら、ルーイはイサーン（タイ東北地方）の軽井沢ということになるかもしれない。

　特にダーン・サーイは山ふところの隠れ里というおもむきで、古い

伝統や習慣が色濃く残っている。そのおこりはタイ最初の王朝とされるスコータイと同じくらい古く、13世紀半ばにさかのぼるという。

　ルーイ県全体が山に囲まれている盆地で、南と東は裾野となり、西には山がひかえている。ダーン・サーイはルーイ市から西へ80kmほどで、北は川を挟んでラオスと接している。郡の人口は約5万人。建設当時はラオスのラーン・サーン王国から移住してきた人たちが中心だったらしい。

　ラーマ5世の時代にホー族がラオスからタイに侵入しようとした時、当時の領主だったポー・ケオ・アーサーが兵をまとめてこれを撃退して功績を挙げ、正式な知事に任命された。1907年にルーイ県の郡の1つとなり、ケーオ・アーサーの名前は町のメインストリートに残っている。

　ダーン・サーイのシンボルはマン川のほとりに建つプラタート・シー・ソーン・ラックという仏塔で、アユタヤ時代にシャム（タイの旧称）とラオスのビエンチャン王朝が協力し合ったことを記念して建てられたもの。レンガとモルタルで高さ32m。1560年から3年かけて建てられた。

　毎年ピー・ター・コーン祭りの1ヵ月ほど前に行なわれるプラタート・シー・ソーン・ラック祭りは、「トン・プン」と呼ばれる竹で組んだ台にろうの花を打ちつけたみこしを何千台も奉納する奇祭で、これもこの地方独特の歴史と伝統をしのばせるものだ。

左●隠れ里のようなダーン・サーイの町。
右●なさぬ恋で駆け落ちした地元のカップルが建築中の塔の空洞に隠れ住んでいたが、完成と同時に封じ込められて亡くなり、その霊がチャオ・ポー・クアンとチャオ・メー・ナーン・ティアムになったという言い伝えもある。

左●1ヵ月ほど前に行なわれるプラタート・シー・ソーン・ラック祭もかなりの奇祭
右●土積みの仏塔など、ダーン・サーイには珍しい風物が残る。

12 アーサーラハブーチャー、
（三宝節）
カオ・パンサーとろうそく祭
（雨安居入り）

ろうそくはウボンのシンボル

วันอาสาฬหบูชา
วันเข้าพรรษา
งานแห่เทียนเข้าพรรษาอุบลราชธานี

全国。
6～7月＝旧暦8月の
満月の日とその翌日

左●満月の夜、儀式を待つ寺の境内。
右●地方では家族総出で寺参りをすることも多い。

　アーサーラハブーチャーは、悟りを開き仏陀となった釈迦が、7週間後にサルナート（鹿野苑）で5人の昔の修行仲間に初めて説教をし（初転法輪）、その5人が弟子になった日。これにより仏・法・僧（仏陀・仏法・僧侶から成る教団）の三宝が揃ったとされる。「マーカブーチャー（万仏節）」、「ウィサーカブーチャー（仏誕節）」と並んで重要な仏日で、旧暦8月の満月の日。

　カオ・パンサー（雨安居入り）は旧暦8月の満月（アーサーラハブーチャー）の翌日。「誕生したすべての動植物が成長しようという時にうかつに外出して踏みつけ、殺生を犯さないように」というお釈迦様の言葉に基づいて、タイ仏教では毎年旧暦8月の満月の日から同10月の満月の日までの雨季の3ヵ月間を雨安居と呼び、僧侶は出歩かず、寺にこもって修行に励む時期とされている。

出家式　人口の95%以上を占めるというタイの仏教徒のうち、20歳以上の男性にとって出家するのは長い歴史のある習慣だ。主に雨安居の期間中（雨季にあたる7月から9月までの3ヵ月間）に出家する人が多いが、寺に入ることによって精神的、道徳的に鍛えられ、さらに両親には多大な功徳が得られると考えられているので、信仰心が薄れていると言われる今でも、特に田舎では男子たるもの一生に1度は出家しないと一人前になれないと考えられている。

　社会人でも出家するとなれば勤務先は有給休暇を与えるし、特に公務員には3ヵ月の出家休暇が認められている。このようにいったん出家して還俗すると、名実ともにもう一人前で家庭を持つ資格のある成人とみなされる。

　前夜に自宅で行なわれる出家パーティでは食事を振る舞い、バ

左上●参会者に祝福の水をかけてもらう。
右上●にぎやかに寺へパレード。
下●両親から寄進された袈裟を着ていよいよ僧侶となる。

ンドを呼んで盛大な宴席が張られ、親戚、友人からご近所までがご祝儀を持ってやってくる。

　剃髪し、白装束に着替えて両親への厳粛なあいさつがすむと、寺への行列が始まる。きれいな日傘がさしかけられ、楽隊がつき、歓声を上げて踊り回る人たちにつき従われて寺に着く。本堂を3周したあと、きれいに足を洗ってもらって、あとは本人と家族だけで出家式にのぞむ。

ろうそく祭　งานแห่เทียนเข้าพรรษาอุบลราชธานี

　タイでは雨安居のあいだ、外出を禁じられた僧侶のために大勢の信者が寺に日用品を持ち寄るが、特にこの時期は教典の暗記などの勉強用の明かりとしてろうそくが寄進される習慣があり、こ

85

上●国王恩賜のろうそくが先頭を切る。
左中・右中●丸彫りタイプと張り合わせタイプ。
蜂の巣を湯に漬けてつぶした蜜ろうから
作られるろうは黄色っぽい。
左下・右下●外国から参加したオブジェ風ろうそく。
(左:韓国、右:フランス。)

86　　12　アーサーラハブーチャー(三宝節)、カオ・パンサー(雨安居入り)とろうそく祭

上●夜間、ろうそく像は
トゥンシームアン公園に展示される。
左下・右下●主なテーマは国王様と仏教。

れが発展して各地で「ろうそく祭り」が行なわれるようになった。東北地方のウボン・ラーチャターニーの祭りがいちばん有名で、現在のバンコク王朝の始祖ラーマ1世の時代に始まったとされているが、全国的な祭りとして定着したのは1930年ごろからららしい。

　ウボン・ラーチャターニーの人たちは高さ2〜3mにもなろうかというろうの像を作って山車に乗せ、その周囲も丁寧なろう細工の彫刻や花できれいに飾りたてる。こういう像がいくつも雨安居入りの前日、市の中心にあるトゥンシームアン公園に集結してコンテストが行なわれる。

祭りのハイライトはこの大きなろう細工の像を乗せた大小100台以上の山車のパレードだ。この像は市内各所の寺や職場、学校を中心にしたグループによって毎年作られ、主に仏陀の前世の物語（本生経(ほんじょうきょう)）や王室をテーマにしている。このろうそく像は市内をにぎやかにパレードしたあと、お寺に奉納される。

左●昔風のいでたちのウボン県警グループ。中●パレード中、像に付き添う制作スタッフ。右●祭には数万人の人出があり、市内のホテルはほとんど埋まる。

民族衣装で決めたちびっこバンドは人気の的。

この祭りに欠かせない裏方は、像が暑さで溶けないように水で濡らす「霧吹き男」(左)と低い電線を押し上げて山車を通す「電線マン」(右)。

左●パレードは昼すぎまで続く。
右●ミスコンはないが、パレードには美人が登場する。

左●市内をめぐった後、ろうそく像はそれぞれお寺に奉納され、蜜ろうは翌年リサイクルされる。
右●今では実用的な蛍光灯を寄進する人も多い。

88　12　アーサーラハプーチャー（三宝節）、カオ・パンサー（雨安居入り）とろうそく祭

13 オーク・パンサーと トート・カティン
(雨安居あけ)

寄進を受けるにふさわしい僧侶がその寺の僧たちによって選ばれる。

วันออกพรรษา
ทอดกฐิน

全国。10〜11月＝旧暦11月の満月の日

雨季が終わり、僧侶の外出が許される日。翌朝は全国どこでも僧侶に食事を寄進する行事が大規模に行なわれる。またこれと並行して衣を奉納する「トート・カティン」や伝統行事のロングボート・レースも各地で開催される。

トート・カティン（功徳衣奉納祭）　ทอดกฐิน

　オーク・パンサー(雨安居あけ)の10月から1か月以内の時期に全国でトート・カティンが行なわれ、僧侶は新しい衣の寄進を受ける。衣だけではなく、僧侶や寺院が必要なものも供物として用意されるが、いつも仏陀の教えを守って信仰に生きている僧侶に対する尊敬と敬愛をこめて寄進をすることは非常に徳の高い行為とされているので、一生に1度でもいいからトート・カティンの主催者になりたいと願っているタイ人は少なくない。

　このように希望者が多いし、寺もこの功徳衣を受けるのは1年に1回だけと決まっているので、信者たちは寺と相談して日取り

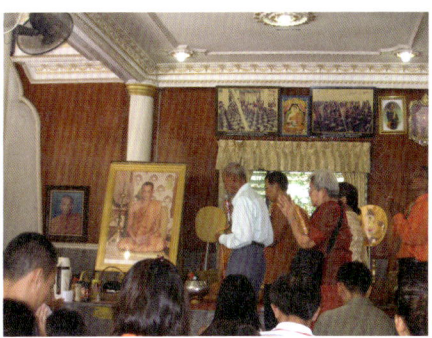

主催者になる競争率は高い。

トンブリーの王室御座船博物館。

タート・パノムの参拝客。

を決めることになる。

　タイでは檀家制度がなく、どこの寺に奉納してもかまわないので、雨季があけたこの時期、タンブン（喜捨）を兼ねたレジャーとして遠くの寺を選び、職場の仲間や町内会でにぎやかに出かけることも多い。式の当日、寺にはワニの絵がついた旗が立てられる。にぎやかな音楽を奏でる楽隊つきのグループが歌い踊りながらパレードし、寺につくとまず本堂を3周（ウイアン・ティアン）してから式が行なわれる。

　バンコクでは国王かその名代が王室寺院のワット・アルンにおもむくが、その際には何十艘もの護衛船を従えたきらびやかな国王御座船がチャオプラヤー川を水上パレードし、観光名物ともなっている。

　ウイアン・ティアンがなぜ3周なのかについては、仏・法・僧に対する礼であると言われているが、人間が悟りを開けず三界（欲界・色界・無色界）を輪廻している様子からだとも、マーヤ夫人がお釈迦様を身ごもった時、白象がその体を時計回りに3周して胎内に入った夢を見たことからとも言われている。

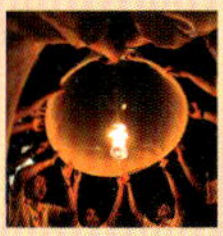
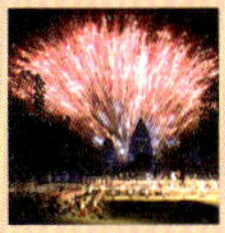
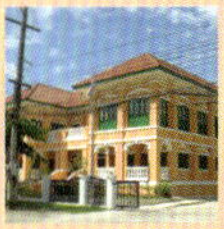
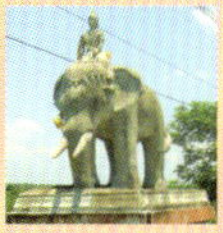
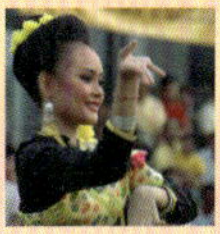
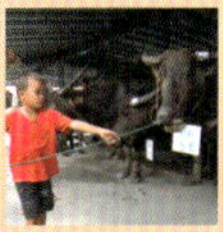
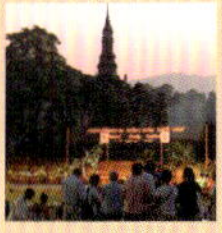
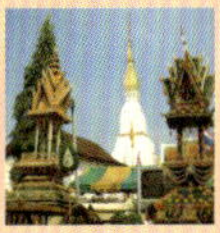
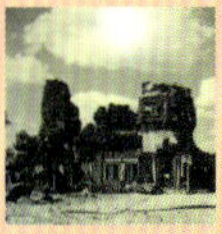

14　ロングボート・レース

船首のお供え。

การแข่งขันเรือยาว　　　全国。10〜11月ごろ

左上・右上●王室御座船のレプリカを迎えて開会式。
右下・左下●県外からもたくさんのチームが参加する。

　ロングボート・レースはオーク・パンサー(雨安居あけ)を告げる伝統行事の1つ。また雨季の終わりに「もう水は十分です、どうぞ引いてください」と感謝しつつ願う水祭りの行事でもある。この時期は全国の川は水かさが増し、大きな川があるナーン、ピチット、ピサヌローク、アユタヤなどではロングボート・レースが盛大に行なわれる。

　アユタヤ時代には王さま自らこの行事を仕切ったもので、それは船を漕ぐ水兵が日ごろいかによく訓練されているかを見せるためでもあった。当時はもうひとつ、王室の「サマータチャイ」と「クライソラムック」という2隻のロングボートによる占いレースもあった。これは旧暦1月に行なわれ、サマータチャイが勝てば凶兆、クライソラムックが勝てば吉兆とされた。

　今ではすっかりタイの国民的スポーツになっているロングボート・レースだが、このボートは元は1本の太い丸太をくりぬいて作ったもので、きらびやかにペインティングされ、大きなものでは60人乗りもあった。

94　　　　　14 ロングボート・レース

45人クラスの決戦

　現在のボートはもちろん張り合わせで、たいていは25人、35人、45人のクラス別で（1人は舵取り役）レースが行なわれる。大きな大会になると近県からもたくさんチームが集まり、週末2日間にわたってリーグ戦で優勝を争う。賞金は10万〜20万バーツにもなるので、コースの両側にびっしり陣取った応援団も声援に熱が入る。

左◉キャプテンの必勝の祈り。
右◉接戦を制して喜びの表情。

95

上●コースの長さは800m。
下●勝利の水しぶき。

上●ピマーイのレースは
国王杯がかかる重賞大会。
下●レースはクラス別のリーグ戦。

14 ロングボート・レース

15　灯明船祭り

งานลอยเรือไฟนครพนม　　　　ナコーン・パノム。10月か11月

左上●夕方から市内でパレードが行なわれる。
右上●ナコーン・パノムでは川沿いの街灯も灯明船のデザイン。
左下●川岸にも灯明船をかたどったイルミネーションがともされる。
右下●灯明船の原型を思わせる素朴なタイプ。

　毎年10月か11月、オーク・パンサー(雨安居あけ)から「ローイ・クラトーン(灯籠流し)」の時期の週末。仏陀はオーク・パンサーの時期にパヤー・ナーク(5つの頭を持つ龍王)の住むメコン川を訪れたことがあり、その際、龍王の水中の国に案内された。これを記念してナコーン・パノムの住人は毎年この時期に灯明船を流す行事を始めたという。もともとはバナナの木や竹材を組んだ小型の船だったが、1983年からは県としての祭りとなった。今では灯明船も長さ10mをこえ、民俗芸能ショーなどが加わって、大きなイベントになっている。

　灯明船を見物するのによい場所は、ナコーン・パノム市内のメコン川沿いにある公園とロングボート・レース用の階段席のあるあたり(無料)。夕方5時ごろには観客が集まり始める。灯明船は、竹のやぐらを細かい升目に区切って、そこに1万個以上の電球を絵柄に沿ってびっしりと並べたもので、まさに光の満艦飾。その大がかりなイルミネーションを輝かせた上に花火を上げたり煙を

上◉雨安居(うあんご)の間天界で
母マーヤ夫人に説法をしていた
仏陀のお帰りを祝う満月の祭りでもある。
下◉10隻以上がゆっくりメコン川を下る。

吐いたりしながら、10隻以上が目の前をゆっくり通ってゆく。川面にはココナツの殻にろうそくを立てた灯籠が流され、頭上の満月と相まって幻想的な眺めだ。やはり船の形に電球をともした竹のやぐらが川岸に立てられて彩りを添えている。

　この祭りはシー・コータボーン王国時代（5〜6世紀にメコン左岸に栄えたと言われる）に始まったと言われている。最後は灯籠が続けざまに流されるので、光のさざ波が押し寄せてくるようだ。これが満月のほかに何の照明もない大昔だったらどんなに感動的な眺めだろうとしばしの間、思いは古代王国をさまよった。

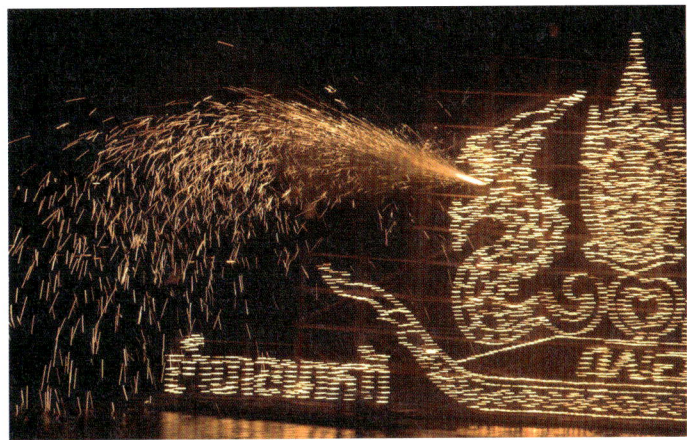

1万個以上の電球で飾られ、火や煙を吐いたりするものもある。

ステージでは少数民族の踊りなど伝統芸能が披露される。

川岸の公園が特等席。

プー・タイ族の像。
ナコーン・パノム周辺にはメコン川の対岸からやってきた少数民族も住んでいる。

100　　15　灯明船祭り

16 ろう細工の宮殿寄進祭

งานประเพณีแห่ปราสาทผึ้ง　　サコン・ナコーン。10月か11月

サコン・ナコーンの象徴、
プラタート・チェーンチュム。

　毎年オーク・パンサー（雨安居あけ）からローイ・カトーンまでの満月にイサーン（タイ東北地方）で行なわれる伝統行事で、特にサコン・ナコーンが盛大。

　ろう細工の宮殿（プラサート・プン）寄進祭は、もともとは雨安居のあいだ天上にいた仏陀のお帰りを祝って竹材を組み、ろうの花びらを打ちつけた簡素な寺院の模型を奉納する行事だったが、今ではかなり豪華なものになっている。宮殿寄進祭とうたってはいるが、実際に見ると中には寺院もあって、厳密な区別はしていないようだ。

　大昔にルーイ県ダーン・サーイ方面［→ピー・ター・コーン祭］から伝わった習慣のようで、もともとは「トン・プン（ろうの木）」と呼ばれる、

バナナの茎に花びら状の薄い蜜ろうを打ちつけた仏様へのお供えだった。仏陀がパーリライの森で修行している時、象が水を、猿が蜂蜜の入った蜂の巣を献上して仏陀を庇護したことから、蜜ろうで作った宮殿を奉納すると特に高い徳が積めると信じられている。
　やがて、この「トン・プン」はそれを四隅の柱にした「ホー・プン」というお堂の形になった。これは主に先祖供養の際に奉納されて

上●仏塔を取り囲むホー・プン。
下●素朴な初期のホー・プン。

103

メインストリートではろう細工の寺院と
少数民族のダンスなど伝統芸能の大パレード。

いたが、その風習が時とともにオーク・パンサーの先祖供養と結びついて、特にサコン・ナコーン県のプラタート・チューンチュム寺を中心に盛大に行なわれ、さらには現在のような立派な宮殿にと形を変えていったものと思われる。

　祭りの前夜、出来上がったろう細工宮殿は山車に乗せられて市内をパレードし、翌日プラタート・チューンチュム寺へ奉納される。

　サコン・ナコーン市内のメインストリートをイベント会場として貴賓席、観覧席が設けられ、夕方から近隣県の学校も参加して伝統舞踊のパフォーマンスがあり、6時半からパレードが始まって9時すぎまで続く。パレードの初めに昔通りの「ホー・プン」が何十も披露された。子どもみこしほどの竹材で、まわりをろうの花びらで飾っただけのシンプルなものだが、それがかえって純粋な信心深さを感じさせる。

　そのあとは寺ごとのグループが製作した自慢のろう細工宮殿をメインにして、民族衣装もあでやかな伝統舞踊のグループが続く。サコン・ナコーンにはメコン川を渡って住みついた人も多いので、

それぞれの衣装で着飾った少数民族の踊りも見ることができたが、最後には国際色豊かに中国とベトナムも登場した。このようににぎやかな祭りであると同時に古い仏教文化を受け継いだ仏教行事でもある。
　ろうの宮殿は高さ6〜7m、長さ10mほどで、尖塔が5本か7本ある豪華なミニチュアだが、原型がきまっているらしく、せいぜい尖塔の形がクメール風になるくらいであまりバリエーションはない。全部で12台がパレードしたが、美しさと細工の細かさを競うコンテストになっていて、シリントーン王女杯がかかっている。
　翌朝チェーンチュム寺には80台ほどの「ホー・プン」が仏舎利塔を取り囲んで祀られていたが、きらびやかさではもちろん豪華な宮殿にはかなわないものの、その素朴な姿は静かな威厳をたたえていて、これが信仰の原点という思いがした。

上●やや豪華な
中型のホー・プンも奉納される。
中●シリントーン王女杯をかけた
コンテストになっている。
下●模型の域をこえた緻密な仕上げ。

トン・ブン。

16 ろう細工宮殿寄進祭

17 バンファイ・パヤーナーク

(龍王の火の玉)

บั้งไฟพญานาค

ノーン・カーイ。10月か11月

左●まだ明るいうちから場所取りが始まる。
右● 毎年10数万人の人出がある。

　旧暦11月の満月の日は僧侶の寺ごもりがとける雨安居あけ（オーク・パンサー）の日だが、この日の夜、タイ東北部ノーン・カーイ県のメコン川沿いでは川面にバンファイ・パヤーナーク（龍王の火の玉）と呼ばれる不思議な火の玉が上がる。

　もともと「ナーク」とはインドの神話に登場する蛇神（ナーガ）のことだが、仏教ではお釈迦様が悟りを開く時にその5つの頭を屋根のように広げて風雨から守ったとされ、「龍王」として仏教の守護神になっているので、七頭、九頭に強調されてタイの寺の本堂や参道の装飾にその姿を目にすることも多い。そしてタイとラオスの国境として800kmほど流れる大河メコンには、古来から川の主としてこの龍王が住んでいると信じられ、仏陀がその水中の国を訪れたという伝説もある。

　この怪光は既に何十年も前から知られており、現在ではメコン川を下ったウボンラーチャターニー県でも見ることができるという。毎年きまってオーク・パンサーの夜だけ、メコン川のこの地域だけに上がるという不思議きわまる現象で、その原因は長い間取りざたされてきた。「メコン川の底にたまったメタンガスが放出される」とか、「花火を見間違っている」とか、「対岸のラオス軍が撃つ曳光弾だ」という説まであったが、結局正体ははっきりしないままで、不思議な自然現象だと信じている人が多い。

　火の玉が一番よく上がるのはノーン・カーイからメコン沿いに東へ50kmほどのポーン・ピサイを中心に上流、下流へ5kmほどの一帯と言われていて、当日そちらへ向かう道は見物客のクルマでいっぱいになる。

　わたしたち一行は事前にポーン・ピサイ市の手前3kmほどにあ

川から上がってくるパヤー・ナークを
お迎えする階段と祭壇。

109

る、メコンに面したリゾートホテルのベランダ席を確保しておいた。まさに火の玉が上がる川面の真ん前でこれ以上の場所は望めない。

　数百メートル川下のルアン寺はパヤー・ナークが川岸に上がってくる場所とされている。川面からの階段には花びらが敷きつめられ、岸の祭壇にはバナナの葉で見事に織り上げたパヤー・ナーク像を祀って、まわりを供え物で覆いつくし、夕方5時30分ごろから儀式がとり行なわれる。

　川沿いにたくさん出ている露店で食べ物を仕入れてみなでパーティのように一杯やりながら暗くなるのを待つことしばし、6時30分くらいに正面に1つ上がった。初めて見るもので、予想していたものよりずっと暗く、小さい。観客からどっと歓声が上がり、手を合わせて一心に拝んでいる人も多い。そう、これは目にすれば幸運が訪れるとされている神聖な火の玉なのだ。そのあと7時ごろまでに続けざまに4、5回火の玉が上がったが、やはりかなり暗く、せいぜい50mほどの高さまでなので時間も2、3秒と短い。音もなくすーっとあがり、そのまま消えてゆく。

　花火を見慣れている日本人の目には、なんらかの花火のたぐいではないことははっきりわかるが、果たしてその正体は?となると、まったく見当もつかない。不思議としか言いようのない火の玉だった。

　テレビの取材班も来ていて、翌朝のニュースによれば、この夜、周辺では50発の火の玉が上がったそうだが、10時までねばったもののそのあとはまったく上がることはなかった。

パヤー・ナークに守られた仏陀像。

左●マッチのブランドにもなっているパヤー・ナーク。
右●わたしたち一行が「見た!」と信じているバンファイ・パヤナーク。

110　　17　バンファイ・パヤーナーク(龍王の火の玉)

水牛レース

ピークの1983年には640万頭いたが、その後経済発展や農業の機械化で99年には120万頭と急速に減っている。

งานวิ่งควายชลบุรี

チョンブリー。10月第1週末

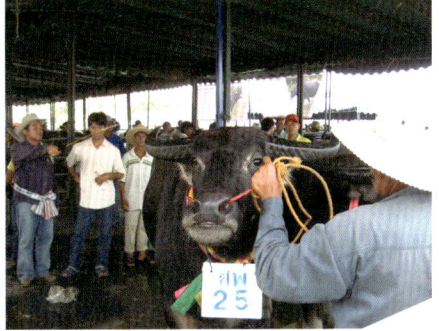

数百頭が揃って品評会も同時に開かれる。

　タイでは大昔から畑仕事に使われてきた水牛だが、毎年オーク・パンサー(雨安居あけ。旧暦11月の満月)のころには休みを与えられ、農民も野良着を晴れ着に着替えて恒例の水牛レース祭りが開かれる。僧侶が寺ごもりをする雨安居の3ヵ月間、在家の信者も飲酒を控えるが、その時期も終わって羽目を外す絶好の機会とばかりに会場では既にできあがっている男たちも大勢いる。

　会場はチョンブリー県庁前広場で、なんといってもレースがメインだが、水牛品評会も行なわれるので数百頭の水牛が集まって壮観だ。田舎で遠目に見ているとみな同じように感じられていたが、毛色、毛並みもいろいろあるし、アルビノらしくきれいな白い水牛もいた。

　レースのコースは100mほど。ころころ太った体には鞍もつけられず、尻の骨のでっぱりをささえにしてまたがるジョッキーが多い。こうなるとレースとロデオがいっしょになったようなもの

なかなか揃わないスタート。

112　　18 水牛レース

上●約100mのコースを一気に駆け抜ける。
下●乗り方が難しく、落牛するジョッキーも多い。

で、途中で落馬ならぬ落牛する騎手もかなりいる。

　ふだんはおとなしい水牛だが、ムチが入って興奮すると猛水牛に変身。そもそもスタートからしてジョッキーにもコントロールできず、なかなか揃わない。何回もやりなおしてやっと出走するが、走りはじめたら誰にも止められず、すぐにジョッキーを振り落としてそのままゴールまで突っ走ってしまうおばかもいていかにも水牛らしい。またうまく乗ったままゴールしても、手綱を引いて止めるわけにもいかず、ジョッキーはゴール寸前で飛び降りてしまうというスリリングな一面もある。

上●珍しい白水牛。
下●会場内では闘鶏も行なわれていた。

近くにはバーン・セーンのビーチや天后聖母寺院などの名所もある。

114　　18　水牛レース

19　ベジタリアン祭

ประเพณีถือศีลกินผัก(เจ)ภูเก็ต　　プーケット。10月中旬ごろ

左上●期間中は町中に「菜食しましょう」の
バナーがはりめぐらされる。
右上●家の前の祭壇にお供えを飾る。
下●寺で神様を待つ神輿。

　英語で「ベジタリアン・フェスティバル」と呼ばれる「キン・ジェー(齋)」は旧暦9月(西暦では10〜11月)の最初の9日間に行なわれる中華系の人々による道教の行事で、肉食を断って心身を清める祭り。元はといえば道教の神様である「九皇大帝」の誕生祝いで、華人が住むところならどこでも行なわれているが、特に南部プーケットやトランが有名。

　ギン・ジェーとは「精進料理を食べる」という意味で、期間中は白装束に身を包んで体を清潔に保ち、肉、魚、乳製品、香辛料、

ハーブを使った食事と飲酒を控え、セックスもつつしんで精進潔斎し、心身を清らかにしようとつとめる。特に中華の精進料理というわけではなく、いつものおかずから肉類を除いて代わりにグルテンや湯葉を使うことが多いようだ。

　始まりは19世紀中頃で、当時プーケットは錫の産地として中国からの労働者が大勢働いていたが、そこに公演にやってきた京劇スタッフの信心深さを見習い、健康と平安を祈願する祭として根付いたという。

　祭りは中国寺院を中心に、炭火渡り、剣の階段登りなど、気の

寺では信者のために
精進料理も用意される。

菜食・精進料理
とはいっても
揚げ物が多く、
あんがいオイリー。

117

上●このような荒行にはヒンドゥー教の影響もあるらしい。
左下●マーソンと呼ばれる道士は代々引き継がれている選ばれた存在。
右下●何を刺すかは身体に入った神様次第できまるという。

　弱い人にはややショッキングな、スリルに富んだ荒行が行なわれるが、なんといっても神様が乗り移り、トランス状態で頰に金串などを刺した道士（マーソン）のパレードが最大の見もの。
　パレードは朝8時ごろから2時間ほど続く。100人を下らない道士が頰や背中に、小さいものだと金串から、大きいものはパラソルの柄まで突き刺し、おつきのグループを従えて行進する様子はかなりの迫力がある。それぞれうなり声を上げたり、踊り出した

118　　　19 ベジタリアン祭

り、女性の場合は小刻みに首を横に振り続けている。特に霊力がありそうな道士にはみなひれ伏して身体に触れようとしたり、おつきが撒くおひねりにあずかろうと一騒ぎ起きる。

またこの祭りは中国正月と同様に盛大に鳴らされる爆竹で有名だが、「九皇大帝」のみこしのまわりではひときわ大量に鳴らされ、一瞬耳が聞こえなくなるほどだ。たぶん黒色火薬が発明された紀元前から中国にあったこの花火は、その大きな音で悪霊を蹴散ら

左上●九皇大帝の神輿の回りは爆竹でひときわにぎやか。
右上●女性の道士も少なくない。
左下●中国寺院には白装束の参拝客が引きも切らない。
右下●鐘太鼓はちびっ子の担当。

左●寺に立てられた地上に降りてくる神様への目印。
右●コロニアルな建物も残るプーケット・シティ。

119

し、幸運を招くと言われていて、正月だけでなく祝い事やイベントには欠かせない。

　このようなアトラクションは期間中毎日、市内のどこかで行なわれていて、最終日の夜、天上にお帰りになる「九皇大帝」をお見送りする儀式で祭りは幕を下ろす。

　プーケット島内では特にプーケット市と北西のカトゥーで盛大に行なわれる。毎日のスケジュールはプーケット市内の寺やTATでタイ語・英語のパンフレットが手に入る。

炭火渡りは
夜行なわれる。

120　　　19　ベジタリアン祭

20　ローイ・クラトン
（灯籠流し）

自分の髪の毛や爪を切って厄落としにのせることも。

งานประเพณีลอยกระทง　　　全国。10～11月

上●全国いたるところで大きな灯籠が飾られる。
左下●公園内の池にも灯籠が浮かぶ。
右下●チェンマイ風の提灯がともされたター・ペー門前広場。

　旧暦12月の満月の日、川、湖、池などタイ全国のあらゆる水場で灯籠を流す祭り。「ローイ・カトン」とも呼ばれる、「ソンクラーン（タイ正月）」と並んでタイでもっとも大きな祭の1つ。「ローイ」は浮かべる、「クラトン」は灯籠という意味で、直径20cmほどのバナナの幹を芯にして花で飾り、ろうそくと線香を立てる。
　そのいわれははっきりしていないが、水の神様に感謝する儀式であるとか、1年間の不運を流し去る行事だとか諸説ある。その点、日本の灯籠流しや精霊流しとは性格が違い、もともとは仏教とは

関係がない。とにかくタイでは雨季が終わってオーク・パンサーを迎え、涼しい乾季に入ったところだし、祭りにはうってつけの季節と言えるだろう。

　また日本のクリスマス・イブのように若い男女、特に恋人未満のカップルには大事な日で、「いっしょに灯籠を流しに行こうよ」とさそって、どんな返事がもらえるかで一喜一憂することになる。特に田舎では男女の出会いの場が少なかったから、この祭りは貴重なチャンスだったのだろう。

　ローイ・クラトンのおこりはタイ初の王朝、スコータイ時代のことで、約700年前のリタイ王の治世に、王妃のターオ・シー・チュララック（ナーン・ノッパマート）がバナナの葉を蓮の花にかたどった灯籠を作り始めたという。

　祭りは夜空に大きく輝く満月をバックにして始まり、集まった人々はそれぞれがろうそくと線香に火をともした灯籠に願いを込めて水に流す。かすかなろうそくの光が水に揺れて幻想的な眺めだ。この祭については日本なら「さくら」のように有名な「ローイ・クラトン」という、タイ人なら知らない人はいない歌がある。

♪ローイ・クラトン
12月の満月の夜、川には水があふれ出す
私たち、男も女も灯籠流しの日はとても楽しみ
ローイ・ローイ・クラトン　ローイ・ローイ・クラトン
灯籠を流したらあなたを踊りに誘おう
ローイ・クラトンの踊り　ローイ・クラトンの踊り
徳を積むと幸せになれる　徳を積むと幸せになれる

左・中◉スコータイではタイ伝統料理のディナーのあと、光と音のショーが見られる。
右◉灯籠は1つ50～200バーツ。

上●遺跡をバックにしたはなやかなステージ。
左下・中下●チェンマイ市庁舎前に展示されるコンテスト入賞作。
右上●スコータイは歴史公園として世界遺産にも登録されている。
右下●灯籠にのせたコインをねらう不届き者もいる。

　この祭の本場とされるのは、やはり発祥の地とされるスコータイで、日中から山車に乗ったナーン・ノッパマートに扮した女性と趣向をこらした大灯籠のパレードがあり、夜は遺跡をバックに「光と音の歴史ショー」が行なわれる。

　普通より大きめのサイズで作られたクラトンのコンテストも行なわれるが、出品された技法の限りを尽くした作品の数々を見ると、一見単純にも見える灯籠にこれだけのバリエーションがあるのかと驚かされる。

　またチェンマイではローイ・クラトンを「イーペン祭り」とも呼

124　　20　ローイ・クラトン（灯籠流し）

左●願い事を書きつける
グループもいる。
右●ピン川に
灯籠が流れ、
夜空にコム・ファイが
浮かぶチェンマイの
ローイ・クラトン。

ナラワット橋は
歩行者天国となり
コム・ファイを上げる人で
ごったがえす。

チェンマイ中の
美人が
登場するパレード。

125

び、灯籠のほかに「コーム・ファイ」（コーム・ローイとも）と呼ばれる小型の熱気球をあげる習慣がある。これは中国から入ったという「天燈」で、ほのかに光るたくさんのぼんぼりが音もなく夜空に上がっていくようすが幻想的で美しく、近年あちこちの祭でも上げられることが多くなっている。

コーム・ファイの千灯上げ　　งานยี่เป็ง ธุดงคสถานล้านนา แม่โจ้
（チェンマイ県サンサーイ郡メージョー）

　毎年ローイ・クラトンの1週間前、メージョー大学裏手のトゥドンカサターン・ラーンナー瞑想センターが主催するトート・カティ

天にいる仏さまに少しでも近づきたい、
あるいは願いが届くようにという
思いを込めてあげるという。

ン（雨安居あけに僧衣を寄進する行事）の最後に行なわれるイベント。

夕暮れが深まる6時30分ごろ、帰依の祈りから法要が始まる。さすがに瞑想修行の場だけあって、厳粛な雰囲気のなか、1時間ほどの説教のあと、いよいよ参加者全員がコーム・ファイの燃料に点火して、じゅうぶん熱気をためてふくらませ、合図を待つ。内側からほんのり光るまゆが何千個もあたり一面にどんどん大きく成長していくようで神秘的ですらある。

「さあ今です!」というアナウンスとともに、いっせいに夜空に向かって昇ってゆくコーム・ファイは深海からふわふわと浮上してゆく美しいクラゲを連想させる。

もの静かな儀式のあと、音もなくぼんぼりのようにやさしく光りながら、それでも意外なほど速いスピードで上昇してゆく幾千ものコーム・ファイは数十秒のうちにケシ粒ほどになってしまう。しかし、中国語で「天燈」と呼ばれるとおり、いつまでも視界から消えることはない。もしこの夜、天の川が姿を見せていたら、きっと星の数が倍以上になったかのように感じられたことだろう。

タークの千灯流し ลอยกระทง สายไหลประทีป ๑๐๐๐ ดวง ตาก

スコータイから西へ100kmたらず、チェンマイから流れてくるピン川のほとり、タークのローイ・クラトンは「流れる光の行列」として知られている。タークはあまり観光地として有名ではないが、一代でトンブリー朝をおこしてミャンマーから失地回復を果たしたタークシン大王の生地と言われていて、その祠があり、参拝者でにぎわっている。

ここのローイ・クラトンはヤシ殻を使った、風に強く火が消えにくい独特のもので、一気に1000個以上を流すイベントで有名。音もなく流れる美しい灯籠を見に多くの観光客が訪れる。

左●タークの灯籠はヤシ殻のカトン。
右●ろうそくも線香も立てないが、殻の外側に小技のきいた装飾がほどこされている。

見事な灯りの筋となって流れる灯籠。

左●千灯流しに用意された
ヤシ殻灯籠。
右●1000個以上を
バケツリレーのように
2、3秒に1個ずつ流していく。

左●川岸の市民ホールに展示される入賞作。
中●期間中の特別メニュー、
ローカル・フードづくしのコース料理。
右●タークシン王の祠に詣でる参拝客。

128   20 ローイ・クラトン（灯籠流し）

21　ピマーイ・フェスティバル

ピマーイは12世紀クメール時代からの古都。

งานเทศการเที่ยวพิมาย

ナコーン・ラーチャシーマー県ピマーイ。
11月の第2週末

上●パフォーマーは地元学生中心に200人以上。
左下●タイ最大のクメール遺跡で有名。
右下●美しい主祠堂のデザインは
アンコールワットに受け継がれているという。

　ピマーイはタイで一番大きいクメール遺跡で知られているイサーン（東北地方）の町。

　光と音の歴史ショーは金・土・日曜日の3日間、ロングボート・レースは土・日曜日に行なわれる。ショーは遺跡を舞台にして夜7時半から9時まで。チケットは遺跡公園入口で販売していて、200〜400バーツ。

　ショーは古代からのこの地の人々の生活から始まって、だんだんと国として成長して行く様子を描いている。200人以上の出演

上●遺跡をバックに
華麗な歴史ショーを演じる。
中●アンコールからの行列を再現。
下●夕方無料で
ラーマーヤナのショーが見られる。

終了後出演者と記念写真を
撮ることもできる。

131

者による迫力のあるパフォーマンスで、1時間半ほどを飽きずに楽しめる。ショーのあと、観客もステージに自由に上がって出演者たちと記念写真がとれるというところがいかにもタイらしいおおらかさだ。ショーの構成や道具立ては専門の業者がプロデュースしているが、演じるのはほとんどが地元の芸大生や高校生たちなので、イサーンらしい和気あいあいとした雰囲気があふれている。

　金曜と土曜にはショーに先立って、6時から遺跡の入り口に続くメインストリートでクメール風の衣装に身を包んだ一行のパレードがある。これは首都アンコールから国王が仏像を運んできたという設定で、行列は勝利門から遺跡内まで続き、ショーの前ぶれとして場を盛り上げる。また土曜と日曜の夕方には遺跡公園内の芝生で「コーン」(ラーマーヤナを翻案したタイ古典劇)の無料パフォーマンスがある。

左●シャム猫コンテスト。
シーサワットという種類はピマーイ原産と言われている。
中●期間中は遺跡公園と
ピマーイ博物館をむすぶトラムが運行される。
右●修復前のピマーイ遺跡。

会場では
周辺の一村一品の
展示即売や
ローカルフードの
コンテストが催される。

学生の
ステージだけではなく、
村の若妻会のショーなど
ローカルな出し物も。

132　　21 ピマーイ・フェスティバル

22　　　　　　　　　　　　　象祭り

งานแสดงช้างสุรินทร์　　　　　　　スリン。11月の第3週末

上●迫力のある戦闘シーン。
左下●全国各地にちらばっている
スリンの象がみな集合したかのような
数の多さ。
右下●象狩りの様子を再現したショー。

　1960年から（1955年からとも）50年以上にわたって行なわれている伝統ある祭り。市内の「象のスタジアム」をメイン会場として、メインストリートでは子象たちのパレードがあったり、「象のタクシー」（市内1回り600バーツ。30〜40分）が利用できたり、まさに象一色のおもむきとなって見物客も多く、ホテルは予約が必要。ショーは暑い午後を避けて朝8時〜10時に行なわれる。

　もともとは同県内に建てられた新郡庁の落成式で、アトラクションとして象のパレードやかけっこなどのショーを見せたところ大好評だったため、すぐに毎年開催される祭りに格上げされたもので、62年には現在のエレファント・スタジアムも完成し、「スリンの象祭り」は広く知られるようになった。

　前夜祭として、金曜と土曜の夜には、市内ラーチャバット大学キャンパスで象を主役にして象使いの村の歴史を再現する光と音のショーが行なわれる（200バーツ）。

メインイベントの象のショーは土曜と日曜の8時30分〜11時30分にエレファント・スタジアムで行なわれる（入場料40バーツ、200バーツ、500バーツ。500バーツの席は日よけつき）。

ショーはいくつかの場面で構成され、ボールやフラフープなどの道具を使った芸を披露したり、象と人間100人が綱引きをしたり、象狩りの様子を見せるが、全部で200頭以上の象が総勢500人以上の出演者と繰り広げる場面はそれぞれに重量感があって見応え十分。アユタヤ時代の、衣装にも凝った昔の戦闘シーンは特に迫力がある。

そもそもスリン県北部のチュムポンブリー、タートゥームの両郡とその周辺は、クイ族またはスアイ族と呼ばれる先住民の土地で、彼らは象を家族の一員のように飼って儀式や作業に使ってきた。この一帯はムーン川のほとりで、以前は豊かな緑に恵まれて餌も豊富だったし、カンボジアへ続くジャングルにも自由に出入りして象狩りができたが、60年代から国境問題や環境保護などの逆風が吹いて、今では象の活躍の場はかなり狭められてきている。

今ではクイ族の住むタートゥーム郡タークラーン村に象の学校と資料館ができて「象の村」として観光名所になっており、いつ

左●象にまたいでもらうと幸運に恵まれるというが、けっこうスリルがある。
中●象が描いた絵は500バーツほどで即売される。
右●ミス・スリンも象の背に乗って登場。

左●前夜には光と音のショーでスリンと象の歴史を見せる。
右●象とパフォーマー全員のフィナーレは圧巻。

も週末にショーを見ることができる。

タイの象　タイの象はいわゆるアジア象（インド象とも）で、東南アジア一帯に生息している。もう一種のアフリカ象と比べると、体は2回りほど小さいが、性格はおとなしくて人間によく慣れる。100年以上前には数十万頭いたとされるが、現在は野生もふくめて数千頭で絶滅危惧種となっている。昔から戦争では軍象として、あるいは材木や荷物の運搬に用いられてきたが近代化とともに徐々に仕事を失い、今では客を乗せたりショーを見せるなど、観光業にシフトしている。また白象はお釈迦さまの生まれ変わりで神聖な存在とされ、国王しか飼うことはできない。日本へは主にタイ王室から1888年を皮切りに計6頭が寄贈されている。

左●市内広場に立つスリンの初代領主プラヤー・スリンパクディーの像。中●祭の初日の「象のランチ・ブッフェ」。2003年に269頭が50トンをたいらげギネスブックに認定された。右●スリン県境では象がお出迎え。

左●バンコクからはバスのほかに鉄道で行くこともできる。右●駅前に特設された象のタクシー乗り場。

左●森林保護や機械化で材木運びなどの仕事が減り、将来を案ずる声もある。右●象使いが住む同県のタークラーン村には象センターがある。

最初の象祭りの様子。

23 国王誕生日

วันพ่อแห่งชาติ

全国。12月5日

敬愛を込めて
ろうそくを捧げる。

左●王宮の様子が
中継されて全国どこでも
祝典は同時進行する。
右●市場の屋台も
すべて国旗を立てて祝う。

　現在のプミポン・アドゥンラヤデート国王は1927年12月5日生まれ。バンコク王朝（チャクリ王朝）の第9代目で「ラーマ9世」として弱冠17歳で即位して以来実に60年余、世界一の在位期間を誇る名君。タイは立憲君主国だが、単なる象徴にとどまらず、あらゆる分野で国民生活を豊かにするための「キングス・プロジェクト」を先頭に立って推し進め、額に汗してどこにでも出かけてゆく姿は国民の敬愛の的になっている。お名前は「大地の力・並ぶものなき権威」という意味。1980年から国王の誕生日は「父の日」にもなっている。

　この日は全国の大都市はもちろん、田舎の小さな村に至るまで、自治体の主催で夕方から祝賀式典が行なわれる。バンコクでは王宮前広場で首相が主催して行なわれるが、その様子は全国に中継され、村、区、郡でもその映像を大スクリーンに映して同時進行で代表が贈り物を供え、お祝いの言葉を贈り、ろうそくを灯して国王賛歌を斉唱する。日本の皇室との交流も深く、国王夫妻は1963年に国賓として来日し昭和天皇と会談されている。またタイで食用の淡水養殖魚として人気のあるプラー・ニン（イズミダイ）は現在の天皇が皇太子時代の1965年にタイ王室に紹介したもの。

24 アユタヤの世界遺産祭

งานยอยศยิ่งฟ้าอยุธยามรดกโลก　　アユタヤ。12月中旬

上●出演者も多く歴史絵巻を堪能できる。
左下●遺跡をバックにシャムとミャンマーとの戦闘シーンが再現される。
右下●アユタヤの国際都市ぶりをしのばせる外国人のパレード。

　遺跡をバックにおこなわれる光と音の歴史ショー。12月中旬から2週間ほど、世界遺産ワット・マハータートをバックにアユタヤ王朝時代の歴史絵巻が繰り広げられる。特に数頭の白象がステージいっぱいに見せる戦闘シーンは大迫力で、タイ4大女傑の1人、スリーヨータイ妃がビルマ軍の大将と一騎打ちして戦死する場面はこのショーのハイライトだ。ちなみにタイ4大女傑のあとの3人は、ナコーン・ラーチャシーマーをラオス軍から守ったタオ・スラナーリーと、プーケットをミャンマー軍から守ったテープクラサットリーとシーストーン姉妹（チャンとムック）。

チケットは200バーツと500バーツで、100バーツ分のクーポンがつき、タイ伝統料理、お菓子、飲み物などの屋台で使うことができる。

アユタヤは14世紀なかばから18世紀なかばまで400年あまりシャムの首都として栄え、特に16世紀以降は交易が盛んになって、本国との間を行き来したりここに定住する外国人商人の数も増えた。

アユタヤを初めて公式に訪れたヨーロッパ人はマラッカを占領したポルトガル人で、1511年のことだった。アジアへの通商路を

戦う
スリーヨータイ妃。

騎象戦の様子は
迫力満点。

141

求めて海路開拓でしのぎを削っていたスペインはフィリピンを手にしたのでシャムにはやってこず、ポルトガルに次いで1608年にオランダが商館を開き、同年シャム国王の使節をオランダ国王が招待した。これが記録に残るかぎり、最初にヨーロッパにやってきたシャム人とされている。

16世紀ナレースワン王の時代には日本人町もできていたようで、昭和8年に行なわれた発掘では観音像、武具の一部や陶片が出土している。それ以前から琉球王国が独自に中継貿易をしていたが、17世紀初期に御朱印船貿易が始まるとさらに交易が活発になり、鎖国によって貿易が途切れるまでの30年間、ほぼ1年に2隻の日本船がアユタヤにやってきて、最盛期には1000人をこえる日本人が住んでいたという。

国際都市らしく外国人にも活躍の場が与えられ、その中には山田長政のようにソンタム王から当時の宮廷で最高の官位を賜った日本人もいたし、ギリシャ出身のフォールコンのようにナーラーイ王に高官として重用された者もいた。このフォールコンの妻、ギマーは鎖国によって日本に帰れなくなった日本人キリシタンの血を引く女性で、フォールコンが失脚し処刑された後も王宮で働き、ポルトガルからもたらされた卵と砂糖をふんだんに使った金色の甘い菓子「フォーイ・トーン」(鶏卵そうめん)などをタイに伝えたと言われている。

ショーの前に腹ごしらえをしたり、当時の生活・風俗を再現したショーを楽しんだりできる。

左●会場の屋台では当時のポットドワン貨幣に似せたクーポンを使う。
右●アユタヤ日本人町の跡地には記念碑と資料館が建てられている。

付録1：タイ主要県の祭りとイベント

(2009年～2011年のデータによる。ソンクラーン、ローイ・クラトン、ロングボート・レースなど全国的な祭りをのぞく)

場所	時期	祭りとイベント（[ ] 内は開催地）
バンコク（とその近郊）	1月	ザ・ロイヤルトロフィー・ゴルフ（アジア対ヨーロッパ選抜チーム対抗戦）
	2月末ごろ	ホンダ PTT LPGA タイランド女子ゴルフ大会
	3月	国際凧揚げ大会［王宮前広場］
	3月	ミスタイランド・ユニバース　http://mtu.ch7.com
	5月ごろ	農耕祭［王宮前広場］
	9月下旬ごろ	タイランドオープン・男子テニス大会 www.thailandopen.org
	11月ごろ	バンコクマラソン　www.bkkmarathon.com
	10月中旬～11月中旬（オーク・パンサー）	国王御座船のチャオプラヤー川パレード
	12月	国王閲兵式［旧国会議事堂前］

中部

場所	時期	祭りとイベント（[ ] 内は開催地）
アユタヤ	1月中旬	バンサイ美術工芸祭［バンサイ区芸術センター］
	12月中旬	アユタヤ世界遺産祭
アーントーン	12月末～1月初め	収穫祭
カンチャナブリー	11月下旬～12月上旬	クウェー川鉄橋記念週間（「戦場に架ける橋」で光と音のショー）
	9月～10月	エッグ・バナナ祭（丸く皮につやがあるので卵バナナと呼ばれる品種）
	11月上旬	温泉と滝祭り［ヒンダート］
サムットサコーン	2月か3月	シーフード祭
サムットソンクラーム	2月初旬	ラーマ2世記念祭
	3月下旬から4月上旬	ライチー祭り［アムパワー］
	8月下旬	ソムオー（ザボン）祭
サムットプラカーン	10月	水中仏塔祭（チャオプラヤー川河口の島に立つプラ・サムット仏塔の祭）
サラブリー	1月下旬～2月初旬	牛乳祭［ムアックレック］
	5月ごろ	仏歯祭［プラプッタバート郡プラプッタバート寺］
	7月ごろ（カオ・パンサー）	仏足跡祭［プラプッタバート郡プラプッタバート寺］
シンブリー	2月4日～6日	ラチャン村の英雄記念祭（18世紀中頃進攻したミャンマー軍に勇敢に抵抗）
	12月下旬	川魚料理と赤十字祭
スパンブリー	1月25日から9日間	ドーン・チェディ祭（ナレースワン大王記念）
	12月28日～1月3日	タークシン大王記念祭
チャイナート	2月中旬	わらの鳥祭（わら細工の鳥のパレードとコンテスト）
	8月下旬～9月初旬	ソムオー（ザボン）祭
ナコーン・ナーヨック	2月～3月	マプラン（プラムマンゴー）祭
	5月～7月	自然遺産祭
	8月	ソムオー（ザボン）祭
ナコーン・パトム	2月～3月（中国正月）	食品とフルーツフェスティバル［プラ・パトム・チェディー周辺］
	5月1日	象のブッフェとミスジャンボクイーン・コンテスト（象への感謝と、参加資格体重80kg以上のふくよかな女性のミスコン。）

		www.jumboqueen.com/ ［サムパラーン象・ワニ園］
	旧暦11月（12月ごろ）	プラ・パトム・チェディー祭り
ノンタブリー	4月中旬～6月上旬	フルーツと特産品フェスティバル
プラチュアップキーリーカン	7月下旬ごろ	国王杯フアヒン・レガッタ
		（2000年から行なわれているヨットレース。海外からの参加も含めて300艘以上が国王杯、王妃杯を競う）
	9月第2週	国王杯象のポロ大会
		（フアヒンで象に乗って行なう国際ポロ競技）
		www.anantaraelephantpolo.com
	12月7日～10日	「1941年12月8日」の戦闘記念日
		（同日マナーオ湾に上陸した日本軍と交戦）
	12月中旬	フアヒン・ビンテージカー・ラリー
		www.tourismhuahin.com/vintage-cars-huahin.php
ペッチャブリー	2月	プラナコーンキリ祭
		（ラーマ4世、5世、6世に敬意を表する祭り）
		［プラナコーンキリ歴史公園］
ラーチャブリー	3月～4月	ぶどうとダムヌーン・サドゥアック水上マーケット祭
ロップリー	11月最終日曜日	猿祭（当地名物の猿をごちそうでもてなす）
	12月ごろ	ひまわり祭り

北部

ウタラディット	9月	ローンコーン祭（特産の果物）
	5月	釈迦の火葬式（釈迦の火葬を再現しその教えを偲ぶ）
カンペーンペット	9月～10月	クルアイ・カイ（エッグ・バナナ）祭り
	12月1日～3日	クイティオ祭（米から作る麺）
スコータイ	4月7,8日	ハートシアオ村の象得度式
		（出家式をすませた新僧侶が象に乗ってパレード）
	9月	エッグ・バナナ祭り
		（丸く皮につやがあるので卵バナナと呼ばれる品種）
チェンマイ	1月中旬	ボーサーン傘祭り
	2月	花祭
チェンライ	1月	ドークシアオ祭り
		（スポーツ大会や村の人々の芸術文化ショーなど）
	1月下旬	さくら祭り（ウィアンケン） 0-5391-8265
	5月中旬	リンチー祭り
ナーン	1月ごろ	ベンサガット仏塔祭
	12月	みかん祭り
パヤオ	2月	物産展
	3月中旬ごろ	タイルー一族祭り［プラタート・ソップウェーン寺］
ピサヌローク	11月	ナコーンタイ旗祭り（対クメール戦争勝利記念祭）
プレー	3月	チョーヘー仏舎利塔祭
ペッチャブーン	1月下旬	スイート・タマリンドと赤十字祭り
	9月の満月	マハータマラーチャー仏像水浴び祭
		（仏像をパーサック川で水浴びさせる）
メー・ホーン・ソーン	3月下旬～4月上旬	ポーイ・サン・ローン
	11月中旬～12月上旬	ヒマワリ祭り
ランパーン	2月	象のカントーク料理祭［タイ象保護センター］
	4月	汽車と馬車祭り
		（タイで初めて馬車が走った町）0-5431-8809
	3月初旬	魚祭り

145

ランプーン	8月	ラムヤイ（竜眼）祭り

東部

サケーオ	2月中旬	伝統文化と赤十字祭り
	4月上旬	ケーンタループ（マスクメロンの一種）祭り ［アランヤプラテート］
チャチュンサーオ	3～4月	マンゴー祭
	11月	赤十字祭
チャンタブリー	5～6月	フルーツ・フェスティバル
チョンブリー	2月第2週ごろ	PTT WTAパタヤ・女子テニスオープン ［ドゥシタニ・パタヤ・ホテル　0-2262-3456］
	3月中旬	パタヤ国際音楽祭　www.pattayamusicfest.com
	5月初旬	ミス・ティファニー・ユニバース （ニューハーフのミスコン　www.misstiffanyuniverse.com）
	5～6月	フルーツ・フェスティバル
	7月	パタヤ・マラソン　www.pattaya-marathon.com
	10月	水牛レース祭
トラート	1月下旬	チャーン島海戦記念祭（1941年の仏軍との戦闘を記念）
	3月下旬	トラート記念祭
	5月下旬～6月上旬	フルーツ・フェスティバル
プラチンブリー	6～7月	農産物祭
ラヨーン	5月下旬～6月上旬	フルーツ・フェスティバル
	6月26日	スントーンプー祭り（タイの詩聖）

東北

ウドン・ターニー	3月	ブアボック仏足跡祭 ［プラタート・プラプッタバート・ブアボック寺］
	12月	トゥンシームアン祭り （県の特産品や伝統芸能が一堂に会する大祭）
ウボン・ラーチャターニー	1月下旬	メコン・アドベンチャー・チャレンジ （MTB, カヤックなどの競技会） ［コーン・チアム］08-6602-3204
カーラシン	2月下旬	ポーンラーン（木琴の一種）、 プレーワー・シルクと赤十字祭
コーン・ケン	1月下旬～2月初旬	イサーン農業祭［コーンケン大学］0-4320-2360
	4月（ソンクラーン）	プラタート・カムケーン祭 （コーンケン発祥の地カムケーン仏塔の祭り）
サコン・ナコーン	10月ごろ	ろう細工の宮殿寄進祭
シーサケート	3月15～17日	県花ラムドゥアン祭 （淡い黄色で香りのよいバンレイシ科の花）
スリン	11月第3週末	象祭り
	5月中旬	象の行列得度式 （出家したばかりの僧が50頭以上の象に乗ってパレード） ［タークラーン村］
チャイヤブーム	1月中旬	プラヤー・レー祭（同県の建設者の記念祭）
	7,8月	クラチアオ祭（タイのチューリップ、クラチアオが見ごろ） ［テープサティット郡パー・ヒン・ガーム国立公園］
ナコーン・パノム	2月か3月（マーカブーチャー）	プラタート・パノム祭
	10月か11月（オークパンサー）	灯明船祭り
ナコーン・ラーチャシーマー	3月23日～4月3日	ターオ・スラナーリー記念祭

		（ラオス軍の進攻を食い止めたタイ四大女傑のひとり）
	11月第2週末	ピマーイ・フェスティバル
ノーン・カーイ	3月	ホー族鎮圧記念祭
ブリーラム	12月中旬ごろ	凧揚げ大会［ファイラット郡の競技場］ http://isan.sawadee.com/buriram/events
マハーサーラカム	2月か3月(マーカブーチャー)	プラタート・ナードゥーン祭り（県内随一の仏舎利塔）
ムクダーハーン	1月中旬	タマリンド祭
ヤソートーン	5月第2週末	ロケット祭り
ルーイ	2月1〜7日	綿の花とスイート・タマリンド祭
	6月〜7月ごろ	ピー・ター・コーン祭［ダーン・サーイ］
ローイエット	3月上旬	ブン・パウェート祭（本生経祭）

南部

クラビ	10月	ドゥアン・シップ祭（先祖供養）
	11月	アンダマン祭（観光シーズンの幕開け）
サトゥン	2月	国際凧揚げ祭
	3月	タルタオ―アーダン釣り大会
	12月	海開き（観光シーズンの幕開け）
スラタニー	8月	ランブータン祭り（1926年タイで初めて当地で栽培）
	8月初旬ごろ	サムイ島映画祭　www.samuifilmfestival.com
トラン	2月13〜15日	トラン水中結婚式［クラダン島］ www.underwaterwedding.com
	10月〜11月ごろ	ベジタリアン祭
ナコーン・シータマラート	旧暦3月と6月の満月	プラ・タート・チェディ祭
	7月	農業祭
	旧暦10月中旬	ドゥアン・シップ祭り（先祖供養の10月祭り）
ナラティワート	9月ごろ	特産品フェア
パッタニー	中国正月の後2週間	守り神チャオメー・リムコーニアオ祭
	5月第2週末	フィッシング大会［ワースクリー海岸］
パッタルン	2月〜3月	バードウォッチング祭
パンガー	3月	子亀放流祭
プーケット	3月13日	ターオ・テープカサットリーとターオ・シースーントーン祭 （18世紀、ミャンマーの侵攻を食い止めた 女傑姉妹の記念祭）
	4月13日	子亀放流祭
	4月中旬	プーケット・オートバイウィーク www.phuketbikeweek.com
	5月ごろ	シーフード・フェスティバル
	6月中旬ごろ	ラグーナ・プーケット国際マラソン www.phuketmarathon.com
	6月中旬と11月	海の民（船上に暮らす少数民族）祭り
	9月〜10月ごろ	ベジタリアン・フェスティバル
	11月〜12月ごろ	パトンビーチ・カーニバル
	11月	女子ビーチ・バレーボール世界大会　www.fivb.org
	12月ごろ	ラグーナ・プーケット・トライアスロン www.lagunaphukettriathlon.com
	12月初旬	国王杯レガッタ（1987年〈国王60歳記念〉に始まった アジア最大のヨットレース）　www.kingscup.com
ヤラー	3月第1週末	鳩の鳴き声コンテスト　www.tourismthailand.org

付録2：問い合わせ先

タイ国政府観光庁（TAT）

東京事務所
〒100-0006　東京都千代田区有楽町1-7-1　有楽町電気ビル南館2F
TEL：03-3218-0355
オープン時間：9：00〜12：00／13：00〜17：00　休日：土日祝祭日

大阪事務所
〒550-0014　大阪市西区北堀江1-6-8　テクノーブル四ツ橋ビル2F
TEL：06-6543-6654, 06-6543-6655　FAX：06-6543-6660
オープン時間：9：00〜12：00／13：00〜17：00　休日：土日祝祭日

福岡事務所
〒810-0001　福岡市中央区天神1-4-2　エルガーラ6F
TEL：092-725-8808　FAX：092-735-4434
オープン時間：9：00〜12：00／13：00〜17：00　休日：土日祝祭日

タイ国内・バンコク（かっこ内はほかの担当県）

バンコク事務所（サムットプラーカーン、チャチューンサーオ、ノンタブリー、パトゥムターニー）
1600 New Petchburi Road, Makkasan, Ratchathevi, Bangkok 10400
TEL：02-250-5500　FAX：02-250-5511

タイ国内・中部

アユタヤ事務所
108/22 Moo 4 Thambon Pratuchai Amphoe Phra Nakorn Sri Ayuthaya, Phra Nakorn Sri Ayuthaya 13000
TEL：035-246-076, 035-246-077　FAX：035-246-078

カンチャナブリー事務所
14 Sangchuto Road. Bannua, Muang Kanchnaburi 71000
TEL：034-511-200,034-512-500　FAX：034-623-691

サムットソンクラーム事務所（サムットサコーン、ナコーン・パトム）
2/1, 2nd Floor Amphawa Municipality City Hall, Amphawa Sub-district, Amphawa District, Samutsongkhram 75110
TEL：034-752-847, 034-752-848　FAX：034-752-846

スパンブリー事務所（アーントーン、チャイナート）
City Hall 3rd floor.,Suphanburi–Chainat Rd.,Sanamchai Sub–District, Muang District, Suphanburi Province 72000
TEL：035–536-030, 035–535-789, 035–536-189　FAX：035–535-789

ナコーン・ナーヨック事務所（プラーチーンブリー、サケーオ）
182/88 Moo.1,Suwannasorn Road, Tambon Thachang, Muang District, Nakhon Nayok 26000
TEL：037-312-282, 037-312-284　FAX：037-312-286

プラチュアップキーリーカン事務所
39/9 Phetkasem Road, Tambol Hua Hin, Amphoe Hua Hin, Prachuap Khiri Khan 77110
TEL：032-513-854, 032-513-885　FAX：032-513-898

ペッチャブリー事務所（ラーチャブリー）
500/51 Phetkasem Road. Amphoe Cha-Am, Phetchaburi 76120
TEL：032-471-005, 032-471-006　FAX：032-471-502

ロップブリー事務所（サラブリー、シンブリー）
Ropwat Phrathat Road, Amphoe Mueang, Lop Buri 15000
TEL：036-422-768, 036-422-769　FAX：036-424-089

タイ国内・北部

ウタイターニー事務所（ナコーン・サワン、ピチット）
Uthai Thani Tourism Promotion Center, Sri Uthai Road, Mueang District, Uthai Thani
TEL：056-514-982　FAX：056-512-916

スコータイ事務所（カンペーンペット）
130, Charot Withi Thong Road, Tambon Thani, Amphoe Mueang, Sukhothai, 64000
TEL：055-616-228, 055-616-228　FAX：055-616-366

ターク事務所 193
Taksin Road, Thambon Nong Laung, Amphoe Muang, Tak 63000
TEL：055-514-341, 055-514-342, 055-514-343　FAX：055-514-344

チェンマイ事務所（ランパーン、ランプーン）
105/1 Chiang Mai-Lamphun Rd, Muang District, Chiang Mai 50000
TEL：053-248-604, 053-248-607, 053-302-500　FAX：053-248-605, 053-302-501

チェンライ事務所（パヤオ）
448/16 Singhaklai Road, Wiang Sub-District, Muang District, Chiang Rai 57000
TEL：053-717-433, 053-744-674, 053-744-675　FAX：053-717-434

ピサヌローク事務所（ペッチャブーン）
209/7-8 Borom Tailokanat Road, Muang Phitsanulok, Phitsanulok 65000
TEL：055-252-742, 055-252-743　FAX：055-231-063

プレー事務所（ナーン、ウタラディット）
34/130-131, Mueang Hid Road, Tambon Nai Mueang, Amphoe Mueang, Phrae
TEL：054-521-118　FAX：054-521-119

メー・ホーン・ソーンン事務所
4 Rajtampitak Road, Jong Kum, Muang, Mae Hong Son 58000
TEL：053-612-982, 053-612-983　FAX：053-612-984

タイ国内・東部

トラート事務所
100 Moo 1, Tambon Laemngob, Amphoe Laemngob, Trat 23120
TEL：039-597-259, 039-597-260　FAX：039-597-255

パタヤ事務所
609 Mu 10 , Pratamnak Road.Tambon Nong Prue, Amphoe Bang Lamung, Chon Buri 20260
TEL：038-427-667, 038-428-750, 038-423-990　FAX：038-429-113

ラヨーン事務所（チャンタブリー）
153/4 Sukhumvit Road, Tambon Tapong, Muang District, Rayong 21000
TEL：038-655-420, 038-655-421, 038-664-585　FAX：038-655-422

タイ国内・東北部

ウドン・ターニー事務所（ノーン・カーイ）
16/5 Mookhamontri Road., Markhang, Muang Udon Thani
TEL：042-325-406, 042-325-407　FAX：042-325-408

ウボン・ラーチャターニー事務所（ヤソートーン、アムナートチャルーン）
264/1 Khuen Thani Road, Muang District, Ubon Ratchathani
TEL：045-243-770　FAX：045-243-771

コーン・ケン事務所（マハーサラカーム、ローイエット、カラシン）

15/5 Prachasamosorn Road, Amphoe Muang, Khon Kaen 40000
TEL：043-244-498, 043-244-499　FAX：043-244-497

スリン事務所（ブリーラム、シーサケート）
355/3-6 Thessaban1 Road, Tambon Nai Muang, Muang District, Surin32000
TEL：044-514-447, 044-514-448　FAX：044-518-530

ナコーン・パノム事務所（ナコーン・パノム、ムクダーハーン、サコン・ナコーン）
184/1 Sunthornvijit Road. Nai Muang Muang Nakhonphanom 48000
TEL：042-513-490, 042-513-491　FAX：042-513-492

ナコーン・ラーチャシーマー事務所（チャイヤプーム）
2102-2104 Mitraphap Road , Tambon Nai Mueang, Amphoe Mueang, Nakhon Ratchasima
TEL：044-213-030 , 044-213-666　FAX：044-213-667

ルーイ事務所（ノーンブアランプー）
Muang Leoi City Hall（Old Buiding）, Chareonrath Road, Amphoe Muang, Leoi 42000
TEL：042-812-812, 042-811405　FAX：042-811-480

タイ国内・南部

クラビ事務所（パンガー）
292 Maharat Road, Muang District Krabi 81000
TEL：075-622-163, 075-612-811, 075-612-812　FAX：075-622-164

トラン事務所（サトゥン）
199/2 Wisetkul Road., Muang, Trang 92000
TEL：075-215-867, 075-211-058 , 075-211-085　FAX：075-215-868

スラタニー事務所
5 Talad Mai Road, Amphoe Muang , Surat Thani 8400
TEL：077-288-818, 077-288-819　FAX：077-282-828

チュンポーン事務所（ラノーン）
111/11-12 Thaweesinka Road, Tambon Thatapao, Amphoe Muang, Chumphon 86000
TEL：077-501-831, 077-501-832, 077-502-775, 077-502-776　FAX：077-501-832

ナコーン・シータマラート事務所
Sanamnamueang, Ratchadamnoen Road , Amphoe Mueang, Nakhon Si Thammarat 80000
TEL：075-346-515, 075-346-516　FAX：075-346-517

ナラティワート事務所（パッタニー）
102/3 Narathiwat–Tak Bai Road, Moo 2 Tambon Kaluwor Neur, Muang, Narathiwat 96000
TEL：073-522-411　FAX：073-522-412

ハートヤイ事務所（ソンクラー、パッタルン）
1/1 Thanon Nipatuthit 3 Soi 2, Hatyai, Songkhla 90110
TEL：074-243-747, 074-238-518　FAX：074-245-986

プーケット事務所
191 Thalang Road, Amphoe Muang, Phuket 83000
TEL：076-211-036, 076-212-213, 076-217-138　FAX：076-213-582

ヤラー事務所
2/1 Amornrit Road, Amphoe Betong, Yala 95110
TEL：073-232-039, 073-234-614, 073-234-615　FAX：073-232-039, 073-234-615

付録3：日本で行なわれるタイの祭りとイベント

タイ王国大使館の主催で東京、名古屋、大阪でタイ・フェスティバルが行なわれるほか、各種団体によっていろいろなイベントが開かれる。

タイ・フェスティバル
www.thaifestival.net/

ソンクラン・フェスティバル
www.bmi-music.com

タイ・フェア in 横浜
www.bmi-music.com

リトル・タイランド
www.little-thailand.com

水かけまつり & ワールドフェスタ
www.saitama-arena.co.jp/mizukake

東京・タイロイカトン祭
www.itdaschool.jp

タイ文化フェスティバル
www.itdaschool.jp

参考文献

『アジア動物誌』渡辺弘之、めこん、1998年。
『アユタヤ』チャーンウィット・カセートシリ、吉川利治、タイ国トヨタ財団、2007年。
『想い出のチェンマイ』ブンスーム・サータラーパイ、Chao, Bridge International Foundation、2011年。
『タイ事典』日本タイ協会編、めこん、2009年。
『タイ日大辞典』冨田竹二郎、めこん、1997年。
『タイの象』桜田育夫、めこん、1994年。
『タイ仏教入門』石井米雄、めこん、1991年。
『タイ民衆生活史（1）、（2）』プラヤー・アヌマーンラーチャトン、森幹男訳、勁草書房、1979年。
『東南アジア樹木紀行』渡辺弘之、昭和堂、2005年。
『バンコク歴史散歩』友杉孝、河出書房新社、1994年。
『物語　タイの歴史』柿崎一郎、中公新書、2007年。
『東南アジアの民族と歴史』大林太良、山川出版社、1984年。
Sir Ernest Satow, *A Diplomat in Siam*, Kiscadale Asia Research, 1994.
Ruth Gerson, *Traditional Festivals in Thailand*, Oxford University Press, 1996.

著者略歴………梶原俊夫 かじわらとしお

東京生まれ。辞典編集者として出版社に勤務のかたわらNGOのボランティアとして15年間タイ東北地方（イサーン）にかよい、その後6年間現地に在住。他の著書に「イサーンの旅」（めこん、2009）。

タイの祭り

初版第1刷発行 2013年6月15日
定価2500円＋税

著者……………………梶原俊夫
発行者…………………桑原晨
発行……………………株式会社めこん
　　　　〒113-0033　東京都文京区本郷3-7-1
　　　　電話 03-3815-1688
　　　　FAX 03-3815-1810
　　　　http://www.mekong-publishing.com

アートディレクション……戸田ツトム
本文デザイン・DTP……松村美由起

印刷・製本………………太平印刷社

ISBN978-4-8396-0263-5 C0030 ¥2500E
0033-1211263-8347

JPCA日本出版著作権協会 http://www.e-jpca.com/
本書は日本出版著作権協会（JPCA）が委託管理する著作物です。本書の無断複写などは著作権法上での例外を除き禁じられています。複写（コピー）・複製、その他著作物の利用については事前に日本出版著作権協会（電話03-3812-9424　e-mail:info@e-jpca.com）の許諾を得てください。

タイのしきたり
中島マリン

定価2000円+税　四六判・244ページ

タイの習慣、マナー、冠婚葬祭、祝祭日など、タイで暮らすための「常識」をわかりやすく解説しました。

タイの染織
スーザン・コンウェイ
酒井豊子・放送大学生活文化研究会訳

定価5700円+税　A4判・196ページ・オールカラー

タイ各地の織物、機織の現場、歴史的史料としての壁画等のカラー写真をふんだんに使ったタイ染織の総合的な研究書です。

イサーンの旅
梶原俊夫

定価2500円+税　A5判・208ページ・オールカラー

ピマーイ在住の著者が3年間、イサーンの隅から隅まで歩き回って作りました。ホテル、おみやげ、町ごとの地図、交通など、完璧に揃ったガイドです。

バンコクバス物語
水谷光一

定価1800円+税　A5判・148ページ・オールカラー

バンコク在住通算13年の著者が運転手や車掌に話を聞くだけでなく、バスの中も外も、目に映るものを片っ端からカメラにおさめました。その数なんと700枚。

タイ鉄道旅行
岡本和之

定価2500円+税　四六判・492ページ

タイ鉄道全線の乗車記録。タイ紀行の最高傑作と評価が高く、乗り方・路線図・時刻表を揃えた完全ガイドでもあります。